本を読む

安野光雅

山川出版社

本を読む——目次

装丁・画　安野光雅
協力　中山デザイン事務所

本を読む

＊著作物からの引用にあたっては、新字新仮名遣いにあらため、漢字をひらいたり、適宜送り仮名を付したものがあります。

「おお、公明正大なる裁判官よ」

シェイクスピア『ヴェニスの商人』松岡和子訳

戦後間もないころ、地方巡業にやってきた前進座の芝居で、『ヴェニスの商人』をはじめて観て、何とおもしろいのだろうと感激したことがある。

ここに書くのは松岡和子訳で、前進座ではない。時代の進歩ということもあろうが、この訳が今のところわたしの感じかたにいちばんあっている。

余談になるが映画では、第六十一回ヴェネツィア国際映画祭特別招待作品でシャイロックに扮したのはアル・パチーノだった。しかも所はヴェネツィアである。

以下は、ちくま文庫・松岡和子訳による。読んでいるうちに、次第に舞台に引き込まれていくからふしぎである。ここでは抜粋だから本を読んでいただきたい。

シャイロック　手元にどれくらい金があるか考えてるんだが、頭の中でざっと勘定しても、だめだな、いますぐ三千ダカットって金を全額用意するのはとても無理だ。いや、心配はいらん。テューバルがいる、私と同じユダヤ人の金持ちだ、そいつが用立ててくれるだろう。おっと、何ヶ月だったかな、ご希望の期限は？（アントーニオに）これはこれは、ご機嫌よう、たった今もお噂していたところですよ。

アントーニオ　シャイロック、わたしは金を貸すにも借りるにも利息のやりとりなどしたことはない。だが、友人の急場を救うためだ、いつもの流儀は捨てることにする。（バサーニオに）君がいくら必要か。もういってあるのか？

シャイロック　はい、はい、三千ダカット。

アントーニオ　期限は三ヶ月。

（中略）

シャイロック　あんたは私のことをやれ異端者だ、人殺しの犬だと呼んではこのユダヤ人の上着に唾をはきかけた。それもこれも私が自分の金を使うのが気にくわないからだ。ところがどうだ、今になって私の助けが必要になったらしい。いやはや、私のところへやってきて、こうおっしゃる、「シャイロック、金を貸してほしい」、よく言うよ。わたしの髭に唾をはきかけたあんたが、玄関先から野良犬でも蹴飛ばすみたいに私を足蹴にしたあんたが、金を用立ててほしい。どうお返事しましょうかね。こういうのはいかがです？「犬に金がありま す

か？　野良犬に三千ダカットの金を貸すなんて芸当ができますか？」それとも腰をかがめ、奴隷のようにおどおどと息を殺し、媚びへつらって消え入るような声でこう申し上げるか、「旦那様はせんだっての水曜日、わたしに唾をはきかけて下さり、いつだったかは足蹴にしてくださった、犬とお呼びいただいたこともございます。こうした数々のご親切のお礼にこれこれの額の金、必ずご用立ていたしましょう」どうだ？

アントーニオ　これからも私はお前を犬と呼び……

（以下いろいろあって、略）

シャイロック　好意だってことをお目にかけようじゃないか、一緒に公証人のところへ行って、証文に判をついてくれればいい。ま、これはほんのお遊びだが、証文に記載されたこれこれの日に、これこれの場所で、これこれの金額を返済できないとなった場合、違約金がわりに、あんたのその真っ白な体からきっかり一ポンド、わたしの好きな部分を切り取ると明記していただきたいんだが。

アントーニオ　いいとも、その証文に判をつこう。そして、ユダヤ人にもかなり親切なところがあると申し上げるさ。

ここで、話が進み「箱選び」のくだりとなる。

美しいポーシャにこころを奪われたアラゴン大公が、ひとつの銀の箱を選ぶが、その中にはめざす乙女の絵姿はなかった。つまり外れた。

次はバサーニオの番である。音楽と歌、鳴り物入りの中で、バサーニオが選んだのは鉛の箱。それはポーシャの密かな願いでもあった。ポーシャの絵姿を引き当て、待っていたポーシャとむすばれる約束となる。

ポーシャ　この家も、召使いたちも、ほかならぬこの私もあなたのもの——私の主のもの——そのすべてに添えてこの指輪も。もしこれを手放したり、なくしたり、人にやったりなさったなら、それはあなたの愛が滅びるきざし、私、ここぞとばかりあなたを非難します。

責め苦にも似た、箱選びが終わったころ、噂ではあるが、アントーニオの船が難破したという。シャイロックは、娘のジェシカが自分をすてて、ロレンゾーと駆け落ちしたことを知る。ロレンゾーはまたアントーニオの仲間である。

はじめて観た前進座の芝居では、娘の駆け落ちもなかったし、箱選びも時間的に入らなかった。

シャイロック　私がこの男に要求する一ポンドの肉は高い値段で買ったわたしのもの、だから頂戴する。ならぬとおっしゃるなら、法律もくそもない！　ヴェニスの法律は骨抜きだ。

（中略）

サレーリオ　公爵、ただいま表に使いの者が到着しました。博士の手紙を持ってパデュアから来たそうです。

（中略）

バサーニオ　なぜそう熱心にナイフを研ぐんだ？

シャイロック　そこの破産者から担保を切り取るためさ。

（法学博士に変装しているポーシャ登場）

ポーシャ　慈悲は強いられて施すものではない、恵みの雨のように天から降りそそぎ地上をうるおすものだ。そこには二重の祝福がある。

慈悲は施すものと受けるものを共に祝福するのだ。これこそ最も強大な者がもつ最も強大な力、君主には王冠よりも似つかわしい。その手にある王笏はかりそめの力を示すにすぎない、つまり畏怖と王権の象徴であり、そこには王にたいする畏れとおののきがあるだけだ。王たる者の心の玉座を占める、神ご自身の象徴なのだ。

従って地上の権力が神の力に似通うのは慈悲が正義をやわらげるときだ。だからユダヤ人、お前は正義を請い求めてはいるが、こう考えてみろ、正義ひとすじでは人間誰ひとり救済にはあずかれない。私たちは慈悲を求めて祈る、その祈りそのものが私たちすべてに慈悲を施せと教えているのだ。私がこう言うのも、お前の正義の訴えを和らげたいからだ。その訴えをあくまで貫くなら、きびしいヴェニスの法廷はこの商人に不利な判決をくださざるを得ない。

松岡和子によると、役者は長い台詞を覚えることが、それほど苦しみではないらしく、むしろ快感である場合もあるらしいという。それで翻訳もやっていられるのだという。

シャイロック　自分のしたことだ、泥は自分でかぶる！　私が要求するのは法律だ、証文どおりの借金の担保だ。

バサーニオ　今度だけはあなたの権限で法を曲げてください――大きな善をなすための小さな悪です――この残忍な悪魔の魂胆をねじ伏せてください。

ポーシャ　それは許されない。ヴェニスのいかなる権力も定められた法を曲げることはできない。それが記録されて判例となり、同じ例にならった多くの不正が国を乱すことになる――

むかし観た前進座のシャイロックはこのとき、両手を天にさしのべて「おお、公明正大なる裁判官よ」と三唱した。ポーシャが「法の趣旨に照らせば、証文に明記されている担保の取り立ては充分に正当なものだからな」というと、またしてもシャイロックは「おお、公明正大なる裁判官よ」と三唱した。わたしは歓びにふるえるシャイロックの言葉を今でもおぼえている。彼は心臓に最も近いところの肉一ポンドのために秤を用意している。ポーシャはあなたの費用で傷口の手当てをするために、医者を呼んでおきなさい、というが、シャイロックは証文にそんなことは書いてない、といってのける。

アントーニオ　君の手を、バサーニオ、お別れだ。君のためにこんなことになったからといって悲しまないでくれ。これでも運命の女神はいつになく思いやりがあるんだ。いつもなら破産した惨めな男を長生きさせ、目は落ちくぼみ、顔は皺だらけといった体たらくで貧苦の苦しみを老いの身になめさせる。私の場合、長引く悲惨からは切り離してもらえるのだ。くれぐれも君の奥さんによろしく。アントーニオの最期の様子を伝えてくれ、私がどれほど君を愛していたかもな、どうせ死んだあとだ。いいやつだったといってくれ。話し終わったら奥さんを裁判官にして、バサーニオに親友がいなかったかどうか、裁きをつけてもらうんだな。君が友人を失うのを悔やんでくれればその友人は君の負債を支払うのを悔やみはしない。このユダヤ人の刃が深く刺されば刺さるほど胸の底からの歓びを込めてすぐさま負債が払える。

ポーシャ　その商人の肉一ポンドはお前のものである、当法廷がそれを認め、国法がそれを与える。

「おお、公明正大なる裁判官よ」というシャイロックの声がきこえてくるような気がする。ポーシャのいうには

ポーシャ　待て、しばらく、まだあとがある——この証文はお前に一滴の血も与えてはいない、ここに明記されているのは「肉一ポンド」。従って、証文どおり、肉一ポンドを取れ、だが

切り取るとき、もしキリスト教徒の血をたとえ一滴でも流せば、お前の土地も財産もヴェニスの法律にしたがいヴェニスの国庫に没収される。

はじめて前進座を観たときに、わたしは、この話を知らなかったから、アッと声が出た。

「ああ、公明正大なる裁判官様!——」

この芝居のクライマックスだ。が、先に命に代えてと誓ったはずのポーシャの指輪は、どこへいったのかという一見小さな問題が残っている。

昔、金貸しはキリスト教徒にはできなかったことで、主にユダヤ人の仕事だったという。それにしても、シャイロックの役は憎たらしげに演じる。これがユダヤ人というものの概念を、ある程度作りあげたのではないかという説があるが、ちょっと気の毒な気がする。

また、この本に散見する脚注もとてもおもしろい。

このような本を読むときは脚注も読んだほうがいいのかもしれない、と思っている。

また、シェイクスピアの芝居はおもしろいからいいが、これとは関係なく、借りたものは何かの方法で返さねばならぬのが世間である。この芝居では担保のありかたの恨《うら》み辛《つら》みに問題が残る。シャイロックは娘にも背かれ、先ほど書いたアル・パチーノは言葉に尽くせぬ悲しみにつつまれたまま消えていく。

あそこはわたしの寝床でございます

桂文楽『寝床』

八代目桂文楽は東北の五所川原で生まれた、ということを知る人は少ない。客車のまんなかにストーブがあって、するめを焼いて食べる、あの列車の走るところで、太宰治の金木町も沿線である。わたしの知人に五所川原の人がいるのでそのことを話したら、知っていた。その人は、太宰治の「雀こ」を、書いてあるとおりの東北弁で読めるので、一度聞かせてもらったが、それはなんともいいものだった。

そうはいっても、三歳までのことで、文楽は三歳になって、根岸の旧家へ戻ったというから、江戸弁が完璧であってもふしぎではない。

話はちょっと変わるが、「寝床」（浄瑠璃にこった素人の大家さんが、その浄瑠璃を長屋の連中に聞いてもらおうとする話）が好きでいろいろ聞いてみるが、円生の落語、志ん朝の落語に比べて少しずつ違う。文楽などはいつも同じことをやった。でも完成度が高くて、何度聞いてもおもしろい。

じゃあＤＶＤでも聞けばいいじゃないかと思うくらい同じだけれど、でもそこに文楽がいて、文楽がやってくれないと文楽の落語にならない。そうでなかったら、落語家は気の毒だ。テープを聞けばそれでいいということになる（わたしは、幸いなことに一度、文楽の口演を聞いたことがあるので、実際にはＤＶＤでまにあわせている）。

川崎の王禅寺あたりにＫという絵がとても好きな友人があった。この人が描いてばかりいても作品が溜まるばかりでつまらないから、お披露目の個展をしようと考えはじめた（わたしは相談をうけたわけではない）。Ｋの初めての個展であるないにかかわらず、だれでも個展をやればそれは「寝床」といわれてもしかたがない。

当日は、遠くから来て貰うのはきのどくだ、と酒や肴をどっさり用意して待ったが、全く見に来る人はいない、家族さえ来ない、とぼやいていた。これはもう「寝床」だ、と思ったがその話はしなかった。これは、数ある落語のなかでも特に好きな落語のひとつである。

江國滋の弔辞（終わりの部分）

高座で惜しみなく名人の芸を発揮なさった文楽さんは、人生においてもまた名人の味をにじませておられました。いつ、いかなる時におめにかかっても駘蕩《たいとう》たる春風の趣で、しかし、その温容慈顔の底には、ぴんと一本張りつめたものがありました。そこからわたしはさまざまなことを学ばせていただきました。こころの師であったと、今にして思うのであります。だから呼ばせてください。

文楽師匠――

師匠と呼ぶ資格が、わたしにもあると確信する所以であります。師を失った虚脱感に、わたしはいまおもいがあふれて言葉が見当たりません。ただただご冥福をお祈りするばかりであります。きょうこの日から落語史上に刻まれる栄光のお名前に変じました。

八代目桂文楽。

その名を呟くとき、わたしは精神の高揚をおぼえます。別離の悲しみを超えた、それは心のやすらぎであり、昭和という時代もついに名人を生みだした。と思えば、すなわち喜びでさえあります。深い悲しみの裡に交錯するその誇らしい気持ちを嚙みしめながら、わたしは、いま、お別れをつげます。

さようなら、文楽さん。

「桂文楽との別離」から

……国立小劇場が、桂文楽の最後の高座になった。昭和四十六年八月三十一日の第四十三回落語研究会で口なれているはずの『大仏餅』を演じているさいちゅう、突然絶句してしまったのである。科白《せりふ》を忘れてしまいました、とひと言つぶやいて平伏した文楽に、寄席の前のあたりから呵責のない声がとんだ。

「途中からでもやれッ」

「申訳ありません。勉強し直してまいります」

高座で発した、これが名人文楽の最後の言葉であった。

(江國滋『落語への招待』朝日文庫より)

落語はたくさんあって、日本にしかない。どれも好きだが特にここでは「寝床」をあげる。これは、DVDを聞きながら、わたしが書き起こしたものだから、字をまちがえたおそれのほか、書きおとしたところがあるかもしれないので、はじめにお詫びをしておきたい。小学館が『桂文楽落語全集』というCDのついた本をだしている。文楽の「寝床」はわたしのいちばん好きな落語だが、それは浄瑠璃のお披露目をしていることと、わたしがはじめて銀座の村松画廊で個展をやったときのことが重なるからでもある。

絵描きはどこからがプロといえるか線引きはない。浄瑠璃をふくめて芸能関係の自由業は必ず「寝床」の時代がある。笑いながら泣けてくるのである。

文中に相の手がはいり、影の声がきこえてくるところがあるので、そのつもりで読んでいただきたい。

「寝床」

「定吉や、お湯を沸かしといてくれ、わたしが汗が出て体をふいたりなんかしますから、それから座布団の新しいのを五十人分ばかり出して、ならべといて、それから上戸《じょうご》にはお燗をして下戸《げこ》にはお菓子の用意をしてくださいよ、お茶をいれてな、この前みたいに、羊羹なぞまとめて置くなんてのはいけませんよ、紙にのせて、方々へ置かないてえと、遠慮して召し上がらない人があるかと思うと、図々しい人は、この前みたいに紙につつんで持って帰るなんてえ人もあるから、お持ち帰りもできるようにしといたほうがいいから。

それから、晒しを五反に生卵を二十コばかり用意しておくれ。なに、晒しに卵で怪我人が出ますか？　あのね義太夫なんてものはものはね、口先でフーなんて声を出してるんじゃあない、晒しは腹にまいて腹から力をこめて出すんだよ。

料理番は来てますか、料理はお客さんが五十人に、うちの者が二十人で七十人分くらい用意してもらっとくれ。あのう、師匠は来てるかい。二階にいらっしゃってる、ああそれはよかった。あのう、三味線の調子を一本下げていただきたいともうしあげといてくれ、どうも

このところ声の出がよくない。（あーっ、あーう、わーっ、おーっ、などと声を出してみる）それから見台はね、この前作ったのを出して使いたいと思うんだ。

あ、茂造帰ってきたか？　長屋をぜんぶまわってきたろうな。このまえ定吉をまわらせたら、提灯屋をわすれてね、『旦《だ》那《あ》さまこのあいだお宅で浄瑠璃の会が催されたそうですが、なんであたしに教えて下さらねえんで』と嫌みをいわれちゃった、あのう、こんどはもれなくまわってくれただろうな」

「長屋を全部まわってまいりました。提灯屋は、今回はお得意さまに慶事がありまして、今晩のうちに赤提灯を三百五十作らなきゃならないってんで、あそこのうちはみんな手を真っ赤にして働いているようなわけで、今夜はうかがえないからよろしくと」

「何てえ非運な奴なんだ、年齢《とし》まわりが悪いんだよ、今度ひまなとき、さしでもって、みっちり聞かせてやるからと、そういってやんな、力あおとすといけないから。(旦那はまだ機嫌がいい)金物屋はどうしたい」

「あそこは無尽をやってまして、今晩は親もらいの日で、どうしてもぬけられないんであしからずと、そういってました」

「吉田の息子はどうした」

「吉田さんのご子息は商用で、昨日から横須賀へ行ってるんで、帰りは終電になりそうだということで。へえ、あそこのお母さんは熱があって、夜着を三枚重ねて着て湯たんぽを三ついれて懐炉を三ついれても寒気がして、今夜はうかがえないのでよろしくとのことでした。

小間物屋は女将さんが臨月で今朝から病院へ行ってまして、子どもが産まれるてえときにわたしが外へでていたというのでは、親戚のきこえもよくないということで、今晩は失礼しますので、よろしくということでした」

「豆腐屋はどうした」

「豆腐屋はなんでも、がんもどきを作る真っ最中でして、揚げなら豆腐の水をよく切って揚

げればいいのですが、がんもどきはハスにゴボウに紫蘇の実なんぞをいれなきゃあなりません、出汁は味醂なんぞをつかいますが、ゴボウは皮が厚うござんすから包丁でなでるようにして切るのですが、すぐ使うと灰汁があっていけませんから、うすくきって灰汁出しをしなければなりません。紫蘇の実がない時分には漬け物屋から買ってこなければなりませんが、塩出しをしませんと、塩辛くて味が悪くなりますから……」

「おまえにがんもどきの作り方を聞いてるんじゃない。今晩来れるか来られないかと、それを聞いているんだ」

「そういうわけであるから、だんなによろしくということでした」

「鳶頭《かしら》はどうした、なにもいわないでも、こういうときは、さきにたって、さわいでくれるのが当たり前じゃあないか。なんのために着物（印絆纏）の一枚もやってんだ」

「なんでもごたごたがありまして鳶頭が行かなきゃあ納まらないそうで、明朝、成田へ発つものでして」

「そりゃあ気の毒だ、用がありゃあしかたがねえ、こちとらあ遊びだあね、長屋の者は誰が来るんだ、店の者は姿をみせないね。長屋の者は忙しくて来れないというが、うちの者はどうした。藤蔵はどうした」

「藤どんは脚気でして、旦那さまの浄瑠璃を足をくずしてうかがうわけにはいかないともうしまして、休んでおります」

「峯吉はどうした」

「峯どんは胃けいれんで、黄色い水を吐いてふせっておりまして、文どんは神経痛でお湯にはいっていれば、少しはしのげるんですが、それもちょっとのあいだで」

「幸太郎はどうした」

「幸どんは眼病で」

「眼病というのは目ではないか、耳が悪くてきこえないというのはわかるが、目は」

「お考えちがいなすっちゃあいけません。旦那さまの義太夫は他の方とちがいまして、ありきたりの義太夫じゃあない。悲しいところは涙がでます。涙は熱をもって目のために悪いから義太夫などはきくなと医者からいわれているというはなしで」

「ばあやは」

「おぼっちゃんを寝かせております」

「お前はどうだ」

「わたしですか？　長屋を一軒一軒まわってまいりました」

「まわってまいりましたのには御礼を言ってます。体がいいのかわるいのかと聞いてるんだ」

「わたしゃあ因果と丈夫で」

「因果と丈夫とは何だ、生意気なことを言うな、無病息災ならいいじゃあないか」

「覚悟いたしました。ご立腹ではおそれいります。義太夫をうかがえばよろしいんでございましょう、義太夫の一段や二段うかがってどうってことはない。さあ、うかがいましょう。さあお語りあそばせ、うかがいます」

「店子の者も、俄に仕事を作り、家の者も用をこさえたりして、だいたい義太夫の人情がわかる者はないのかね。金物屋も初回だとか満回だとか無尽ばかりやって、ああいう奴が後に無尽会社でつかまるんだ。あのくらい無尽の好きな奴はいないよ。小間物屋も小間物屋だ、あのくらいお産をするものはないよ、まるで泥棒猫だ。鳶頭もそうだ、暮れになって、小銭を貸してくれといってくる、わたしゃあ無利息無証文だ、利息の一文でもとったことがありますか。お前に怒ってもしようがないけど、成田の不動様がそんなによけりゃあ、こんどから不動様へ行って金を借れってんだ。

よろしい語りません。義太夫なんてえものは、向こうがやりましょう、こちらが聞きましょう、と、息があったところでなくっちゃあ語れるもんじゃあないよ。おまえもね、わたしの身になってごらん、こんな時に語れますか。お湯はすててしまえ、見台はふみこわせ、料理番はおんだしちまえ、床をとってくれ、あたしゃ寝ます。

義太夫てえものは、昔の名人上手がこころをこめて作ったものだ、素読みにしてもわるくない、それを悲しいところは悲しいように、武張ったところは武張ったように、仮にも節をつけて聞かせようってんだ。これで金をとりゃあ詐欺だ。

お前もう一回り長屋をまわっとくれ。明日の十二時きっかりに、みんな出ていってもらおう。こんな長屋にいたんじゃあ下手な義太夫の一つも聞かなきゃならん、出ていっておくれ」

「長屋の連中がみんなそろってやってまいりました。義太夫をお聞かせください、さわりのところだけでも五分か十分でも、顔をみせてくださるだけでも大喜びしますから、お語りください、お腹立ちのこともありましょうが、芸惜しみをなさらなくって」

「芸惜しみたあなんだ。わしがいつ「芸惜しみ」をした」

「旦那《だあ》様、お腹立ちになっては、……」

「ごめんこうむるよ、わたしゃあ語らないといったら語らないんだから、長屋のやつにそんなことがいえるかい。あたしゃね、影になり日向になり皆さんに尽くしているつもりだ。なにも義太夫を聞いてもらいたいためにやってんじゃあないよ。わたしゃ、これっきり義太夫をやめるというんじゃあない、今日のところは堪忍しておくれ、おまえが困ることはないでしょ」

（このあたりからしだいに機嫌がなおってくる）

「ウン、何も義太夫……お前さんが……語らない……

お前さんが困ることはないじゃないか。

あたしゃあうまくはないよ、
そりゃあいけないよ、今更、それじゃあわたしが勿体を付けているようじゃないか。

そりゃあ困るよ、一声でも聞かなきゃあ帰らないというのかい。

みんながかい、ウフフフフフ（ここで一段と高く拍手がくる）

みんながかい、そうかい、それじゃあ、お前の顔をたてて、一つ語ることにしましょう。

そうか一段語るかな、みなさんにお目にかかろう、はじめるようになりましたよ。

お湯はどうした、洗濯物ををつけてしまった。

すぐ支度をしてくださいよ、さあみなさん、こちらへどうぞおあがりくださって。

へい、こんばんは。

「こんばんは」

「オヤァ、豆腐屋さん忙しいというじゃあないか」

「今頃は何をお語りになっているんだろうと考えるってえと、仕事が手につきませんで、こんなでかいがんもどきを作るような始末で。家内が、おまえさん、それほどうかがいたければ職人を都合して聞きに行ってらっしゃいというもんですから」

「君の義太夫好きはわたしじゃあ知ってるんだよ、職人の手間代なんぞ今度わたしが出しますよ」

「始まったよ、始まったよ、人間の声じゃあないね、あの声を出したいためにこれだけのことをするんだからな。このうちは何か祟ってるね、先祖が義太夫語りを殺したかなんかしたんじゃあないかね」

「義太夫はおしまいだ、みんなごろごろ寝やがって、ここは木賃宿じゃあないんだ。だれだい、そこで泣いているのは、定吉じゃないか。おまえ十二、三の子どもだ、番頭、お前なんか四十だか、五十だか、重箱みたいに年ばかり重ねやがって、ちったあ、あの子をみならえ。定吉、どこが悲しかったんだ。お前が一人でも聞いてくれたと思うと、あたしゃあうれしいよ。どこが悲しかったのか、『馬方三吉子別れ』か、『宗五郎の子別れ』か？　あ、『先代萩』かい」

「そんなとこじゃあない、そんなとこじゃあない。あそこでございます」

「なに、あそこはわたしが義太夫を語ってた所じゃあないか」

「あそこは、わたしの寝床でございます」

寺に参詣して阿弥陀様を拝むことばかりは、キマリが悪くて出来ぬ

福沢諭吉『福翁自伝』その一

門閥というものは親の敵である。

福沢諭吉（一八三六〜一九〇一）は、下級藩士・福沢百助と妻・於順の次男（末子）として生まれた。五人目の子どもである。産婆さんが「この子は乳さえたくさん飲ませれば必ず見事に育つ」というのを聞いて、父は喜んで、この子が十か十一歳になれば寺にやって坊主にすると決めていたという。

その頃の中津（諭吉の生まれ故郷）はとりわけ封建制度のもとにあって、家老の家に生まれれば家老、足軽の家に生まれれば足軽ときまり、何年経っても変わるということがない。しかし坊主は違う、魚屋の息子が大僧正になることもある。父が諭吉を坊主にしようと考えたのは、そんな理由だったにちがいない、と諭吉は考えた。その父は、

「封建制度に束縛されて何事もできず、空しく不平を呑んで世を去った。この父の心中を察して

独り泣くことがある。」

この（「蛙の子は蛙」というような）門閥は親の敵であると深く、心の中で思った。

諭吉が、学問をすすめたい、本を読むことをすすめたい、と熱心に説いたのもこのためであろう。

『福翁自伝』を読むと、偉い人だなと思う。しかし、翁《おきな》というから相当なおじいさんだ、と思ったら、この本を書いたときが五十五、六で六十六歳で亡くなっている。

侍は命をかけなければならぬ。

農民はその必要はない。

指導者は競争相手から暗殺されることがある。

農民はそういう死に方はしない。

そう思えば、ややこころが休まる。

ひとそれぞれに安住の地をもっていて、他人を羨みさえしなければ、それなりに幸せなのではあるまいか、とこのごろ思う。

そうはいっても、「門閥制度が親の敵」であることに変わりはない。現在はそんなことはないように見えるけれど、その残りかすは今もありはしないか、と思う。

シラミ

漱石にシラミの出てくる作品がある。

圭さんと、碌さんが阿蘇神社に向かう途中の宿で話している。


「痩せたろう」と碌さんが気の毒な事を聞く。

「そんなに痩せもしなかったがただ虱が湧いたには困った、――君、虱が湧いた事があるかい」

「僕はないよ、身分が違わあ」

「まあ経験して見たまえ。そりゃ容易に猟り尽せるもんじゃないぜ」

「煮え湯で洗濯したらよかろう」

「煮え湯？　煮え湯ならいいかも知れない。しかし洗濯するにしてもただでは出来ないからな」

「なあるほど、銭が一文もないんだね」

「一文もないのさ」

「君どうした」

「仕方がないから、襯衣《シャツ》を敷居の上へ乗せて、手軽な丸い石を拾って来て、こつこつ叩いた。そうしたら虱が死なないうちに、襯衣が破れてしまった」
「おやおや」
「しかもそれを宿のかみさんが見つけて、僕に退去を命じた」

（夏目漱石『二百十日』）

諭吉のおかあさんも変わっていて、チエという、臭い女の子を家に呼び、そのシラミをとる。諭吉はシラミをつぶす役目をさせられたという。

諭吉の家は真宗だが、おかあさんは説法などを聞かない、あまり信心はしていないように見えたと諭吉はいう。「わたしは寺に参詣して阿弥陀様を拝むことばかりは、可笑しくてキマリが悪くて出来ぬ」という。

わたしは、百済観音だとか、阿修羅などを描きにいったけれど、信仰心はなかった。だから拝んだりはしなかったが、その（彫刻としての）美しさには心底感動した。

昨日も父の友人の喜多さんという人がいっていた。

目の病を治すといわれているお地蔵さんがあって、自分の目とお地蔵さんの目を交互に撫でると霊験がある、と「いわれている」。よーく考えてもらいたい。病原菌を自分の目に運んでいるようなものではないか。

「いわれています」といういいかたがテレビなど見ていると意外に多い。

以前、独りでに車が上る坂道、と喧伝された坂が外国のどこかにあって（日本でもある）、巧みにその坂道が映された。「エンジンもかけないのに坂道を上ることは、ありえないが、そのように見えるところはありうる」と、いうものがあった。二、三日して朝日新聞に投書が載った。「せっかく面白くみていたのに、絵描きが出て来て、遠近法の錯覚だというのでしらけてしまった。その場所には磁鉄鉱か何かが埋蔵されていて、自動車を引きつけるかも知れないではないか」（女子中学生）というのである。文中の絵描きというのは、実はわたしなのである。

「かりに、自動車ほどのものを引きつける磁鉄鉱が埋蔵されていたとしたら、近所の家の鍋や釜を引きつけるばかりか、かんじんのテレビカメラも引きつけてしまって、撮影そのものが成り立たないと思わないか」と書いたが、返事はこなかった。

わたしは、かすかに疑う。その投書を載せることにした担当者も、さる絵描きのいうことに、投書者と同じ疑いをもったのではないか。そうでなかったら、さる女子中学生の、不名誉な結論となる投書を新聞が採用しなかったのではないかと思うからである。

ついでにいうが、そこでは、坂道を上る水というものを瓶につめて売っているらしかったが、これはシャレである。

話はもどるが、昔から「蒔かぬ種は生えぬ」といっている。

しかしシラミばかりは、どんなに注意していても、出てくるから「湧いた」としかいいようがない。たとえば、不潔のために貯まったわたゴミがシラミに変化しているのではないか、などと思いやすい。

ではシラミにもなにか取り得があるか。衛生学の専門家か、薬屋さん以外には役に立っていまい。

湧く

湧いたとしか思えないことがあった。

兵隊だったころのこと、入隊して一か月くらいたっただろうか、「おい、シラミが湧いているのをしっとるか」というものがあった。

われわれは山の上に木を伐りにいったとき、褌をはずして調べた。すると、憎らしいことに、栄養もろくに摂れていない兵隊の血を吸うシラミが二、三匹いたのである。たちまち石でたたいて殺したが、恐ろしいことに、褌を太陽にかざすと、シラミの卵が点々とみつかったのである。ところが翌日、調べるとやはり同じ数ほどいたし、卵もある。そのまた翌日も同じだった。つまり、あれほど格闘したのに、毎日湧いてくるのだった。

ノミもいた、そして「ノミ取り使役」という仕事があった。二人くらいの希望者がこれに応じ、かれらは戸外の仕事を避けることと引き替えに、室内で兵隊の毛布を一枚ずつ、ぱっと広げては、文字どおり「しらみつぶし」にノミをつぶすのだった。ノミは毛布の毛に脚をとられるので楽につぶすことができた。

ノミやシラミは病気を媒介するから、油断がならない。

戦後（太平洋戦争の）米軍が使っていた、DDTという農薬を子どもたちに吹きかけて、害虫駆除をすすめてくれた一時期があった。このDDTは有害農薬だというので、まもなく使われなくなったが、そのころわたしは田舎で教員をやっていたから、子どもたちの頭や肌にDDTを吹きかけたことがあり、そのとき初めて頭《アタマ》ジラミというものを見た。子どもたちは何も感じないで遊んでいたのに、よく見るとシラミがいたのである。これは伝染して移っていくから、一人いれば他の子にもいると思っていい。そして戦後の一時期、シラミが日本中を席巻した。これは大変である。

軍隊にいたのは衣《コロモ》ジラミだった。子どもたちの頭に巣くっていたのは頭ジラミというものだった。このほか陰毛に巣くうものもいる。写真でみると、互いに似てはいるが、ちがいもある。おもしろいことに、彼らは互いに似て非なるもので、それぞれ巧みに棲み分けて、衣ジラミが頭に住むという器用なことはしないという。

復員して（軍隊から解放されて家にかえって）から、わたしは誰にもさわられぬうちに、着ている物はすべてぬぎ、煮沸して一挙に全滅させた。

頭ジラミはどうするか、これはいちどきれいに剃って丸坊主になってしまえば、かたがつく。

諭吉のおかあさんは、汚い子のシラミをとるというのだから、本当に感心である。一見変わっている。そのおかあさんは迷信を信じないで、わらっていたそうだから、わたしは尊敬する。目には見えないが、諭吉がこのおかあさんからうけついだものは、きっと何か偉大なものだったにちがいない。

諭吉のおかあさんがとったのは、頭ジラミだったが、それなら剃るほうがいい。またあの「チエ」には、衣ジラミがいてもおかしくない状況だから、一晩寝ると、翌日もまた、同じ数ほどの衣ジラミが出て来たのではないかと思う。諭吉に命じて、どこかへ一晩寝るところをつくらせるといい。ターザンの小屋みたいなものでもいい。そして着て寝たものも一挙に煮沸するのである。

でもチエは、いつまでもターザン小屋にいるわけにもいくまい。

旗と写真

話は変わるが、諭吉の常識家の兄が、怒った。

「お前は目が見えぬか、これを見なさい、何と書いてある。奥平大膳大夫と御名があるではないか」というのである。諭吉が、その偉い人の名のあるものか写真かなにかを踏んづけていったらしい。

諭吉は、表むきはあやまったが、どうも納得できない。よしそれならと、便所に持って入り、しかるべく使ってみたがなんともなかった。内心、それみろと思ったらしい。

わたしも神は信じないが諭吉ほど実験的ではなかった。

大勢の前で示威行為のために写真を焼くグループもある。写真を焼くなどしても、物理的に相手に熱さが伝わりはしないが、示威行為の手段となる。

思うに、示威行為であっても国旗は焼かないほうがいい。国旗は、いわばプライドの象徴である。その国旗を愛する人すべてを敵に回すのは賢明ではない。また、よその国の国旗のデザインを、傘立てや、ゴミ箱に使っている例がある。これはデザイナーが無神経なのだというほかはない。

韓国の女子中学生が、日本の運動会の万国旗の中から、自分の国の旗を探す。これは朝日新聞の声の欄に載っていた。

「探したけどなかったので淋しかった。こんどいつか、韓国の旗をこしらえて、万国旗の仲間に入れてほしい」という訴えと聞こえ、そうだろうなと思った。もっともこれは、故意に飾らないわけではあるまい。万国旗のセットの中に、まだ韓国の旗が入っていなかったのではないかと思う。たぶん今の万国旗には入っているだろう。

「踏み絵」と面従腹背

「踏み絵」というものがあった。手元の辞書には、江戸時代、キリシタンでない証拠として踏ませた、キリストの像などを彫りつけた板、またその板を踏ませたこと。（俗）その人の忠誠心などをたしかめるために使う材料、などとある。（『三省堂国語辞典』）

江戸幕府は、一六一二年（慶長十七年）の徳川家康によるキリシタン禁令などを経て、一六二九年（寛永六年）に「踏み絵」を導入した。用意した踏み絵を踏まなかった場合は、キリスト教徒と断定して処罰した。

しかし、やがて役人の前では踏み絵をするが、のちに神に祈って許しを請うものがでてきて、「キリシタン狩り」の効果がなくなったという。

余談になるが、先の辞典の説明と、この踏み絵の効果がうすれていく過程を思う。踏み絵は、転じて「（俗）その人の忠誠心などをたしかめるために使う材料」または用語をさすことになった。

いまもそうかしれないが、国歌「君が代」を歌わなかったとか、起立しなかったことによって、いわゆる忠誠心を疑い、一種の「フミエ」にされたことがある。

これは、歌いもし、起立もするほうが、煩わしい問題をさけることができるので、従順にそうするほうが、いいと考える人もある。

しかし、「面従腹背」（表では従うが、腹の中では背く。見かけは賛成だが、腹の中では反対である）という人を見逃す。

いいかえれば、起立しない人の正直さをためすことにもなる。

それだけならいいが、ひとたびにらまれると、後は証拠もないのに「お前は面従腹背だ、そうでないのなら、証拠を示せ」などといわれることになりかねない。思っていない証拠は示す方法がない。

キリシタンの迫害

わたしの郷里の津和野には、千人塚という碑があって、わたしの子どもの頃は、近づいてはいけないといわれていた。わたしは大人になってから行ってみたことがある。

迫害されて死んだキリスト信者の墓である。

慶応三年（一八六七年）のこと、長崎の浦上でキリシタンが発見、拘束されて、多くのキリスト信者が鹿児島、萩、名古屋など、二十か所に送られ、津和野にもわりあてられた。

津和野の「乙女峠」というところに、津和野のカトリック教会神父、岡崎祐次郎（もとドイツ人、日本に帰化された）さんによって、殉教者の霊を鎮めるために建立されたマリア堂がある。

そのマリア堂は昭和二十六年（一九五一）に、乙女山の中腹、光琳寺跡に建てられた。長崎の原爆で亡くなられた永井隆博士の書かれた本（キリシタン殉教史で永井隆博士の絶筆）の名が『乙女峠』であったことから、峠の名がつけられた。

（明治政府がキリスト教を改宗させるため）津和野にあずけた長崎県浦上のキリシタン信徒は、津和野で生まれた子ども十名を合わせて総員百六十三名だった。この人たちは、日夜苛烈な拷問によって改宗を迫られた。

この中で殉教したもの三十六名、信仰を捨てずに生きながらえた者六十八名、拷問に耐えかねて信仰を捨てた者は五十九名だったという。

おぎん

芥川龍之介の短編に「おぎん」という作品がある（『芥川龍之介全集五』ちくま文庫）。「元和か、寛永か、とにかく遠い昔」である。

天主教つまりキリスト教を奉ずるものは、そのころでも、もう見つかり次第に火あぶりの刑だった。

浦上の山里村に、おぎんという女の子が住んでいた。父母につれられて、大阪あたりからはるばる流れてきたものらしい。彼らは天主の教えを知るはずはない。何教か知らぬがたぶん釈迦に由来する仏教を信じているのだろう。

おぎんの両親は、おぎんを残して死んだ。今は寂しい墓原の松のかげで、地獄へ落ちるとも知らず、極楽のことでも夢見ているにちがいない。孤児になったおぎんは、さいわい、山里村の農

夫、ジョアン孫七にひきとられた。孫七はおぎんに洗礼をうけさせマリヤという洗礼名をつけた。孫七の妻ジョアンナおすみも熱心な天主教の信者で、子のなかった夫婦はおぎんをわが子のように慈しんでそだてた。彼らの一家は幸福だった

ある年のクリスマスの夜、悪魔は何人かの役人をつれ、突如孫七の家にふみこんできた。孫七の家には、クリスマスを祝うための、牛小屋や飼い葉桶などがしつらえられていた。役人たちは孫七たちに縄をかけた。おぎんもくくられた。

土牢に投げ込まれた孫七たちは、格別苦にもしていないふうだった。役人は火責め、水責めで改宗を迫ったが、孫七たちの信ずるところは少しもかわらなかった。悪魔ははじめ

腹をたてていたが、あきれてしまうほどに孫七たちの信念はかわらなかった。

火あぶりと決まった。薪は高くつみあげられた。いっさいの準備が終わると、役人は「天主の教えを捨てるか捨てぬか、もういちど考えてみろ、もし捨てると言えば縄をほどいてやる」といった。

火あぶりの様子を見に来た見物は、火のかかるのを今か今かと待った。孫七たちにとって、何が起ころうとも、天主の教えにしたがってきた自分たちの行方ははらいそ（天国）以外には考えられないと信じていた。そのとき、

「わたしはおん教を捨てる事に致しました。」

と言う声がしたのだ。声の主はおぎんだった。

おぎんは縄をゆるされた。

孫七は、みんなで、はらいそへゆけると思っていたのだ、「おぎん！　祈っておくれ」というほかなかった。

おぎんはやっと口をひらいた。

「わたしはおん教を捨てました。そのわけは、ふと向うに見える、天蓋のような松の梢に、気のついたせいでございます。あの墓原の松のかげに、眠っていらっしゃる（わたしの）ご両親は、天主のおん教もご存じなし、きっと今頃はいんへるのに、お堕ちになっていらっしゃいましょう。

それを今わたし一人、はらいその門にはいったのでは、どうしても申し訳がありません。わたしはやはり地獄の底へ、ご両親の跡を追って参りましょう。どうかお父様やお母様は、ぜすす様やまりや様のお側へお出でなすってくださいまし。そのかわりおん教を捨てた上は、わたしも生きては居られません。……」

おぎんは涙をこぼした。

このようすをみた悪魔は手を打ってよろこんだ。

すると、こんどは、（義母にあたる）おすみも薪の上に涙をおとし、すすり泣きに沈んでしまった。

「お前も悪魔に見入られたのか？　天主のおん教を捨てたければ、勝手にお前だけ捨てるが好い。おれは一人でも焼け死んでみせるぞ。」

「いえ、わたしもお供を致します。」けれどもそれは、「はらいそへ参りたいからではございません。ただあなたの、――あなたのお供を致すのでございます。」

孫七は青ざめて玉の汗をぬぐった。

おぎんはいった。

「お父さま！　いんへるのへ参りましょう。お母様も、わたしも、あちらのお母様もお父様も、

——みんな悪魔にさらわれましょう」
孫七はとうとう堕落した。

天主の何であるかを知らぬ見物人たちは、彼らの棄教をにくんだという。また悪魔たちは大喜びして夜じゅう刑場をおどりまわったという。

しかし悪魔が、そんなに喜ぶほどのことだったか、筆者芥川は、はなはだ懐疑的であると書いて、この話は終わる。

見物人がなぜ「彼らの棄教を憎んだ」とあるのか。これは試験問題として、解説しないことにするのでぜひ考えてもらいたい。

悪魔

では悪魔とは何か。

じつはわたしは、むかし『ABCの本』（福音館書店）に悪魔の絵を描いたことがある。そのときさる英国人が、この悪魔の絵は違っているといいはじめた。

悪魔は、頭の髪の生え際に特徴があり、耳はとがり、尾が生えている。「こんなふうに」とやって見せてくれたが、それはどうも、映画に見るあの吸血鬼の姿を想い起こさせるものだった。

「あなたは、悪魔を見たことがあるのか」と、わたしは聞いた。彼ははっと我に返った、悪魔を見たことはない。それは龍や、大黒さまや、カッパのように絵描きが伝承して描き続けてきたものをほんとうにあることと間違えていた。いわば情報で、実体はない。

しかし、神にとって、悪魔ほど都合のいい存在もあるまい。

たとえば映画の吸血鬼は、小さな十字架を見せられただけで震え上がる。つまりさしもの吸血鬼も神を畏れ、神通力を失うことになっている。十字架の効力をみんなに宣伝しているように思える。

悪魔は教会に背を向ける者を、牧羊犬のように、神の御許へ追い立てていることになる。

善男善女は悪魔をおそれ、神の前にぬかずくが、神も悪魔も手に触れるような意味での実体はない。悪魔は、長い間かかって、作り上げた善男善女のためのイメージにすぎない。

天国や、地獄はどうか、これもイメージの世界である。

地獄の恐ろしさをいいつのり、贖宥状《しょくゆうじょう》を売って最後の審判の折、地獄へ行く沙汰を許してもらえるなどという珍説（宗教改革の糸口ともなった）は、宗教の名によって濡れ手に粟の商売をしたことになる。

神仏には関心がないが、彫刻として、仏像の美しさには驚く。たとえば（仏像の中でも最も好きな）阿修羅をみると、あんなに腕が六本もある仏をよくまあ創ったものだと思う。ピカソに見せたかった。

大きなお節介だが、明治元年（一八六八年）に出された神仏分離令（廃仏毀釈運動、一種の宗教弾圧）などには賛成できない。

廃仏毀釈運動では全国の寺が標的にされたが、その一例として、阿修羅などで知られた奈良の興福寺は、寺の財産は没収され、司馬遼太郎の説によると、僧侶は（いち早く）春日神社の神主になるなどした。一時は名ばかりの寺となり、五重塔も破格の値段で売りにだされたという。ようやく行き過ぎた「廃仏政策」運動が反省され、明治三十年（一八九七）、興福寺も次第に復旧整備されるようになったが。

公平を期すために、そのころ政府の神祇官だった、津和野藩の亀井茲監《これみ》・福羽美静《ふくばびせい》主従が廃仏毀釈の推進者だったことを書かぬわけにはいかない。

宗教の勧誘をする人がある。人のことをお節介しないで自分たちだけで信じていればいいではないか。

美貌の女性から「今夜友だちがわたしの家に集まって、いろんなことを話し合う会をするから、来てみないか」というような誘いをうけて、勇んでいってみたら宗教の勧誘だった、という例がある。これは常套手段なのである。

「おぼれる者は藁をもつかむ」

ということわざがあるが、病院に行けば、宗教の勧誘にとって効率がいいという。「おぼれる者は藁をもつかむ」というのは宗教の勧誘だけではない。落ち着いて考えてみると、藁を売ってもうかるのなら、元手がかからないから、藁を売りたい。藁を売るためには溺れてもらわないといけない。だから、まず溺れさせようとする。世の中の、ほとんどのものごとが、このことわざにあてはまる。どんな例があるか、やまほどあるから、これは練習問題として、考えてもらいたい。

神はいないとすると、ではパンダのあんなにふしぎな白黒模様を誰が決めたのだ、ということになる。

あれは自然の仕事だ、と考えたとき、地震とか竜巻など、いろいろな自然界の脅威は、いい古された神とほとんど同じものになる。

日高敏隆と話していたら、「人間がどんなに考えてみても、象のように鼻でものをつかむ動物を作ることは思いつかないのじゃないだろうか」といっていた。

本当にそうだ、鼻を手足のように使うなどと、自然以外に考えるものがあるとは考えにくい。このとき人は造化の神というものに思い至る。わたしたち人間には到底できないものは、神のしわざにしておけばそれ以上詮索されずにすむということもあった。

このようにして、大自然を畏敬して造化の神を想定するのと、人の身代わりになったり、病気を治す御利益とか、願い事をかなえてくれたりするような、都合のいいことを喧伝し、ときには商売とみまがうばかりの神を考えるのとではまるでちがう。

江戸時代、日本ではキリシタン禁令ということもあって、オランダ語だけが学んでいい外国語とされていたから、たとえば『解体新書』などのように諭吉だけではなく、日本人にとって、新しい外国の知識はオランダ語によるものだった。

皮膚の色のように、「見た目が違っても、体の中身は同じなのか」という疑いは、『解体新書』を翻訳するまでは、納得が難しかった。

ある日、諭吉は横浜の外国人の店にいき、オランダ語が全く通じないことを知った。

外貨解禁

一九六三年のこと、一ドルを三六〇円で、一般人が五〇〇ドルまで買えることになり、翌一九六四年には一般人の海外旅行が解禁になった。

わたしは、外国へ行く準備をはじめ、泥縄式に英語の勉強をはじめていた。こう言えば調子がいいが、なんとも無謀な話ではあった。

わたしの若い頃は、太平洋戦争の最中で、英語は敵性外国語とされ、学校にもよるだろうが、わたしたちは英語の教科書を無視した。英語の先生は、みんなが英語を勉強しようとしないので悲しんだ。「敵性言語ならなおのこと学ばねばならぬ」といわれた。

陸軍幼年学校（軍人を育てるための学校）での英語は重要な学科だった。そうでもあろうが、わたしたちは学業は怠けたかったので、英語をボイコットするだけでも気が楽になった。

『解體新書』（解体新書）はオランダ語で『ターヘル・アナトミア』という。西洋語から翻訳した日本最初の本で、訳者は杉田玄白。安永三年（一七七四年）の刊行である。

なにしろ、不明の言葉を推測し、これはヘソのことではあるまいか、という言葉に行きついたとき、「鶏鳴暁《けいめいあかつき》におよびし事ありき」というのである。

杉田玄白はその回顧録『蘭学事始』（一八一五年）に、「ターヘル・アナトミアの書にうち向ひしに、誠に艫舵《ろかじ》なき船の大海に乗り出だせしが如く、茫洋《ぼうよう》として寄るべきかたなく、ただあきれにあきれて居たるまでなり」と書いている。

この『蘭学事始』（岩波文庫で読める）には、福沢諭吉が偶然にこの本に出会って、復元出版するにいたったことが書いてある（諭吉のこの偶然の出会いには、本当に感動する）。しかも『解体新

書』の訳者のなかに中心人物であるはずの前野良沢の名がないので、諭吉はこの点も明らかにした。

前野良沢は豊前国中津藩（現在の大分県中津市）の藩医で、諭吉と同郷である。

『ターヘル・アナトミア』のころは辞書がなかった。蘭学者たちだったたから取り組んでは見たものの不明の点は想像して補った。

わたしと『チャタレイ夫人の恋人』との間には、少なくとも辞書がある。だから一言半句すべてをひいてもこの本を読破しようと決意した。『チャタレイ夫人の恋人』は、『蘭学事始』におとらぬ牽引力があるにちがいないのに、ついに読破できないので、こんどは英和対訳といって和文つきの本にしたが、これは和文のほうばかり読みふけった。

そのころ渋谷食堂という店の、衝立一枚を隔てたとなりで、講談社の絵本『浦島太郎』を読んでいる米国人がいた。

彼はわたしの「人生模様」を見て、「これは、難しすぎる、わたしがいい本を教えてやる」と日本語でいい、先に立って歩きはじめた。彼は下駄を履いていた。「日本にはこんなにいいものがあるのに、どうして履かないんだ」と、ラフカディオ・ハーンのようなことをいった。

そして、そのころ街角にあった大盛堂という本屋にわたしをつれて行き、この本が最適だからこれを読め、というのである。それは、『イソップ物語』だった。わたしは、蒙を啓かれ、その本を買った。

なんと、チャタレイが漢文でできているとすれば、イソップは平仮名である。


『大草原の小さな家』

その後、オーストラリアに行ったときのこと、持参した本はみんな読んでしまったので、空港で何かおもしろい本はないかと探していたら、『ナントカノ土手で』とかいう本が見つかったので、ともかくそれを買った。英文だが、だいたい英文の本は、(チャタレイを除いて)はじめの数行は読みやすくできている(四、五冊の経験でいうのは不遜だが)。特に一般向けの本はそうかもしれない。それで、ともかくそれを買って飛行機の中で読んだら、そんなはずはないのに読めるのである。

文章がやさしいのだろう（詩は難しい）。それに、とびきりおもしろいのである。

わからない言葉もあるが、それはとばして読んでもいっていることはわかる。とばしても読めるというのは、もとの文章がすぐれているからにちがいない。

少女が川の中に落ちて、橋につかまってやっと流されずにすんだとか、いなごの襲来とか、いろいろあった。あとでわかったのだが、この本は『プラム・クリークの土手で』という本だった。

わたしは、福音館書店へ持参して、この本の交渉をして、早く出版してもらいたいと申し出た。彼らが、いろいろ読んでみると、どうも福音館ですでに出しているところの、『大草原の小さな家』ではないか、と（すまなそうに）いいはじめた。わたしの発見だと思っていたものは、すでに発売されていた。

わたしが、本がおもしろいといっているのは、英文で印刷されたものだから、一見したところでは、『大草原の小さな家』も、『プラム・クリークの土手で』も、強いていえば『チャタレイ夫人の恋人』も、わたしには、同じにみえる。しかし一行読むことによって、霧が晴れるように、見えてくるものがあった。

『プラム・クリークの土手で』という本には、読んで考えたほうがいい箇所が山ほどある。

みんな風邪を引いたのか熱があるらしい、女の子たちだけではなく、両親もぐったりしている。何が起こったのか、大草原の中で家族みんなが病気になったら困るではないか。頼みとするおとうさんも熱がある。近所といっても、お隣は随分遠いが、そこの小母さんがきて介抱してくれているらしい。さらに読み進むと、なんだマラリアか、アメリカにもマラリア蚊がいるのだなどと、謎が解けていく。時間がかかるだけだ。

テレビや映画は、ただ受け身で、考えさせることをしない。

本は、文字の列である。文字でできた一本の道というものは、道の上を行き来しながら、場面や時間の経過をつかんでいることになる。テレビは、視聴者をできるだけたくさん集めようとし、見るものがあまり考えないでも楽にわかる、あるいは知ることができるように作ろうとする。

本もそれは同じで質問に答えることは少ないが、一本の道をあとにもどってもう一度通ってみることができる。

ただし、テレビや映画でも台本は本だから一本の道である。制作者（おもに監督）はそれがなくてはできない。しかし見るものは、テレビや映画など劇的に調理されたものを見る。考えることはやはりしない。

一本の道は、自分が行こうとしなければ誰もつれて行ってはくれない。テレビは見ようとしなくても見ることができる。その意味で本とテレビとは比べて考えるものではないのかもしれない。

そもそも本がおもしろいのは、このように謎を解きながら読み、理解できていく、そのことがおもしろいのである。
『大草原の小さな家』は、子どものための話なのだが、大人にとっても考えさせるところが多い。

緒方洪庵

「おッ母さん。今私が修業しているのはこういう有様、こういう塩梅で、長崎から大阪に行って修業しております。自分で考えるには、どうしても修業は出来て何か物になるだろうと思う。この藩に居たところが、何としても頭の上がる気遣いはない。真に朽ち果つるというものだ。どんな事があっても私は中津で朽ち果てようとは思いません。アナタはお淋しいだろうけれども、何卒私を手放して下さらぬか。私の産まれたときにお父ッさんは坊主にするとおっしゃったそうですから、私は今から寺の小僧になったと諦めてください」そのとき私が出れば、母と死んだ兄の娘、産まれて三つになる女の子と五十有余の老母とただの二人で、淋しい心細いに違いないけれども、とっくり話して、「どうぞ二人で留守をして下さい、私は大阪に行くから」と言ったら、……「ウム宜しい」「アナタさえそう言って下されば、誰が何と言っても怖いことはない」「オーそうとも。兄が死んだけれども、死んだものは仕方がない。お前もまた余所に出て死ぬかも知れぬが、死生の事は一切言うことなし。どこへでも出て行きなさい」

と、おかあさんがいってくれた。子どもを手放す親の淋しさは、よく理解できる。

しかし、この諭吉のおかあさんは、さすがにもののわかる人だと思う。

ペルリが来て以来、日本では砲術の研究といえば、だれでも理解を示してくれるので、それを名目に、ともかく大阪の緒方洪庵の塾に行くことを決心したらしい。

そのとき手土産に「築城書の写しを持参した」(後述)。兄の死後、家財道具はうりはらい、金はできたが、母が病気になった、セメンシーナとかいう妙薬がある。高いが、値段のことはいっておれないので、ともかくそれを飲ませ看病しているうちに、二週間くらいでよくなった。いまや赤貧洗うが如く、淋しい古寺のようなところに老母と姪と、たった二人のこして家を出て行った。

緒方の塾に学問修業しながらとかく酒を飲んでよいことは少しもない。これはすまぬことと思い、一念ここに発起したように、断然酒を止めた、すると
「ヤア福沢が昨日から禁酒した。これはおもしろい」

「十日も続かないだろう」

などと大評判になった。

諭吉は、酒を飲む練習をしたわけではない。うまれつき酒が好きだったらしい。

おかあさんもたいしたもので、諭吉が子どものころ、月代《さかやき》を剃るとき頭のくぼみのところは痛いのでいやがると、「酒をたべさせるからここを剃らせろ」という。その酒が飲みたいばかりに痛いのをがまんしたと書いている。

その後、酒をやめたならその代わりに「煙草をはじめろ、なにか一方に楽しみが無くてはかなわぬ」と親切らしくいうものがあった。前々から煙草の悪口を言ってきたが、ではやってみようかという気になり、そろそろとはじめてみると、塾生たちが「これは軽い煙草だ」といって勧めるなどサービスにつとめる。策にはまってついに煙草も吸いはじめた。

三十三歳のころ、ようやく節酒をはじめたというのはほんとうらしい。

煙草の害と税金と、あのアヘン戦争を比べて、どこが同じで、どこが違うか考えてもらいたい。これは入試問題である。

本を書き写す

話は変わるが、ある日、中津の奥平壱岐という人が「この本はおれが長崎から持ってきたオランダの築城書である」。「安く買うた。二十三両で買えたから」というので肝をつぶしたという。

これは医書とか究理の書とはちがって、格別にめずらしい本だ、と思い、四、五日貸して貰うことにし、壁の耳、障子の目鼻からいっさい身を隠し、家の奥で夜を日に継いで書き写した。のちにこの写本が緒方塾への手土産となる。

緒方塾では、江戸で翻刻されている、オランダの文典の二冊、『ガランマチカ』と、『セインタキス』を回読したり写本を作ったりする。

写本といっても、筆で書き写し、読み合わせ（校閲）までするのである。

「長崎の出島に在留していたオランダのドクトル・ヅーフという人が、ハルマというドイツオランダ対訳の原書の字引を翻訳したもので、蘭学社会唯一の宝書と崇められ、それを日本人が伝写して、緒方の塾中にもたった一部しかない」ものがあった。

この蘭書の写本を作るのは、アルバイトとしては、蘭学書生にしかできないようなところがあり、商売として考えても実にわりのいい、しかも勉強になる仕事である。緒方塾の蘭学書生の間では、この仕事が流行った。

『福翁自伝』を読もうと思っている人は、「緒方の塾風」の中の、「工芸技術に熱心」というところを読み逃さないでもらいたい。そこには、塩酸や硫酸を作ったり、メッキをしたり、塩酸アンモニア、ヨジュム（たぶんヨードチンキのこと）などを、本にしたがって、作ってみることが書いてある。

わたしは、化学に暗いから、塩酸を作るということを聞いただけで尊敬する。その種のものは薬屋へ行って買うしかないと思ってきたから、作るというのを読んで、さすが諭吉だと思った。

福沢諭吉は木村摂津守の家来ということで、咸臨丸に乗った

福沢諭吉『福翁自伝』その二

咸臨丸

「私（諭吉）が江戸に来た翌年、即ち安政六年冬、徳川政府からアメリカに軍艦を遣るという日本開闢以来未曾有の事を決断しました」とある。これは思い切った偉業で、「日本の夜明け」を象徴すべき、できごとだった。

日本は長く鎖国をし、世界の進運からみれば随分遅れをとっていた。オランダから買った軍艦に咸臨丸という名をつけ、その操縦技術も学んで、処女航海の日を待っていたが、たまたま親善使節がアメリカへ向かうことになり、いわば荒海を越える処女航海となった。

親善使節の一団は、艦長は時の軍艦奉行木村摂津守、指揮官勝麟太郎、運用方は佐々倉桐太郎、

浜口興右衛門、鈴藤勇次郎、などであった。通弁には中浜万次郎がいる。

ここで、勝手に使節団の名前を抜粋したのは、『福翁自伝』を読んでもらいたいからでもあるが、今に残る、風波の中を突き進む咸臨丸の絵を描いたのは鈴藤勇次郎で、むかし講談社にその曾孫にあたる古い知人がいて、その名も鈴藤益弘という。

わが咸臨丸は横倒しにならんばかりに傾いている、艀船が四艘ついていたが、嵐のために二艘もとられてしまったほどで、ひどい嵐がつづいた。風に吹かれて進むのなら早く着きそうなものだが、それでもサンフランシスコに着いたのは三十七日目だったという。

咸臨丸の絵は、今は慶應義塾図書館にしまってある。

咸臨丸の航海（一八六〇年〈万延元年〉、日米修好通商条約の批准書を交換するため遣米使節団一行が品川を出帆した）は、ともかく日本初めての事業で、もちろん日本人ばかりで事に当たることになっていたが、たまたまアメリカの測量船が横浜沖で難破し、救われて、横浜で徳川政府の保護を受けていた六、七人が乗せてつれて行ってもらいたいということになった。日本人の水夫からみればアメリカ人につれて行って貰ったように思われてはおもしろくないと嫌がったらしいが、政府側の目で見ても、まさかのときには、何かと便利かもしれないと考えてのことだったらしい。

親善使節の出発に際して、アメリカから、ポーハタン号という迎えの船が来たが、咸臨丸はやはり単独航海ということになる。

このおりに、福沢諭吉が木村摂津守の家来ということで、お供として随行したことや、アメリカの見聞記は相当におもしろい。この自伝の中にある。一読をおすすめしたい。

ヨーロッパへ

羽田から飛行機が出た。飛行機のタラップまで自分の足で歩いて乗り、見送る人は羽田の屋上ロビーから手を振った。

飛行機はそのころソ連の上空が通れないので、アラスカのアンカレッジ経由で北極の上空を飛んでヨーロッパへ行くのがふつうだった。帰りは南回りでインドや香港を経由してもどった。まだ免税店などはなかった。

そのようなコースだから、最初に着いたのはコペンハーゲンだった。

空港でいっしょになった富山高校の美術教師の東という人と、アンブレラというホテルに泊まった。

コペンハーゲンは薄曇りだった。何もかも目新しく、すれ違う娘さんと目があって、「よく来たわね」という感じに片目つぶられたりして、もうそれだけでわたしは卒倒しそうになった。

日本にいたら真夜中なのに、一日中歩き回った。夢の世界にいるような気がした。ビールも飲めないのに、ともかく酒場のようなところにはいって、同席のデンマーク人と話した。一夜漬けの英語が通じるはずはないし、彼もまた英語が話せるわけではなかったのに。鉄砲を撃つまねをしたり、憤ったりした。戦争はいけないというのが、どうやらお互いの主張だったらしい。そうだとも、デンマークは以前ドイツと戦ってひどいめにあった。わたしよりも彼が言葉の通じないことを悲しんだ、でも心は通じたと思っている。

二日いてアムステルダムへ行った。

有名な美術館を見て回ろうとおもっていたので、アムステルダムではゴッホやレンブラントの『夜警』などの作品を観た。一度に沢山の美術館を続けざまに観過ぎて、いまも混乱している。美術作品は、文化が凝縮されていると思うので、一度観ておくと、反芻して何度も楽しめるし、考えさせられることも山ほどある。だから絵を描かぬ人でも、美術館をたずねるのはいいことだと思う。

後年再訪したとき、その昔のアンブレラホテルはなくなっていたし、ソーセージ屋さんのいた墓地の傍の道は今もあるが店はない。しかしなんとも清潔な感じの屋台だったことは忘れない。

昔、わびしい入江だったところは、今は観光客でごったがえしている。

アンデルセンの話に由来する人魚の像は誰が犯人かしらないが、都合二度も首を切られて二度修復し、今はもとの姿で岩の上に元通りに座っている。

　ちょっと町へ出て見ようとしたらホテルの主が、不用心だからカメラは置いて行け、あまり雑踏には近づかぬように、などと注意してくれた。あのうるわしいコペンハーゲンも昔のように安全ではなくなったのかもしれない。

　それでも、処女地というのか、はじめて接した町がパリよりもコペンハーゲンだったために、世界でいちばんすばらしい町はコペンハーゲンだと今も思っている。

　諭吉は、イギリスからたくさんの辞書そのほか、日本のためになる辞書などを買って帰った（これが日本最初の貿易にあたるとされている）。

　わたしもパリの蚤の市で『ファーブル昆虫

記』の大冊を見付けた。念願の書物だった。手に入れた大冊の半分は読んだ形跡がない。わたしはフランス語も読めないから見るだけだった。今は津和野の美術館にある。

もう一冊、数学の古本らしいものを買った。なぜ数学の本であることがわかったかというと、図形が見えたからである。皮装で、人工でこんなふうに古くしようと思うとむりである。虫がくっている。蚤の市でなくては売れそうもない。もう骨董の域に達して、しかも二十五円である。わたしはこれを買い、井上ひさし、大岡信、野崎昭弘、澤地久枝の四人の装丁に利用して高利を得た。井上ひさしの本に使った表紙カバーは、いま津和野の美術館にある。

再会

マドリードでは、サラゴザというホテルに泊まった。ボーイが「日本人がいるよ、ヒガシとかいった」という。さてはコペンハーゲンで同宿した、あの東に相違ない、と思ったら、はたしてそうだった。

「パリで孫の帽子をみやげに買ったら二つ来た」

と、ぼやいていたが、なんとそれは、パットと呼ぶ模擬乳頭で、そのパットに帽子のつまみにみえたものがついているのも無理もないことだった。こんなに笑ったこともないほど、彼は天真爛漫の人物で、富山高校で習ったという人が実に多いが彼を悪くいう者はひとりもいない。

後に有楽町のマリオンで個展をなさったとき、ほとんど、四十年ぶりに出会い、おもわず抱きあってなつかしんだ。彼とすごした時間はあわせても一日にはならぬのに、彼との思い出は生涯のできごとになった。

わたしは岩倉使節団しか知らなかったから、それに先だって諭吉が二度目の、こんどは通訳として使節に随行したとは、本を読むまで知らなかった。

岩倉使節団とは、明治四年（一八七一年）から明治六年（一八七三年）まで、日本からアメリカ合衆国、ヨーロッパ諸国に派遣した大使節団。岩倉具視《いわくらともみ》を正使とし、留学生を含めて総勢一〇七名だった。久米邦武による文章で、無類におもしろい記録『米欧回覧実記』がある。英訳もされ日本翻訳出版文化賞を受賞している。これは松戸市にある株式会社日本文献出版の齊藤純生さんの快挙である（ついでにいうと、司馬さんの『坂の上の雲』も英訳出版した）。

諭吉にとってのオランダは、蘭語をやったために第二の故郷のような気がしたという。

それに、オランダは同じ西欧といっても文化のあり方がすこし違う。

サンタクロースの行事は伝統になっていない。体制がカトリックでないことと関係があるのかもしれない。

だから、鎖国の圏外だった。デカルトはこの自由の国へ半ば亡命のかたちで住んでいた。アムステルダムにはその家が保存されている。しかし自由と信じたオランダでも彼の哲学の反対者は彼の命を狙っていたという。

わたしがライデンで泊まったホテルは、メイフラワー号という名前だった。この町を散歩していて、メイフラワー記念館とでもいうものに出会った。入ってみたらいろいろと説明してくれた。英国から追い出された清教徒たちは、すぐにアメリカへ渡ったのではなく、はじめオランダに渡り、そこで落ち着こうとした一時期があった。しかしそこでも異教徒あつかいされ、ついにアメリカへ向かうことになったことを、そのとき知った。

諭吉によれば「各国巡回中、待遇のもっとも細やかなるはオランダの右に出るものはない」。買う気もないのに、使節のだれかが、「アムステルダムの土地は買えるか」「外国人へも売るか」「外国人が広大な土地を買って城を築いてもいいか」とたずねる。「いくら金満家がいたとしても、城を築くなど、そんな馬鹿なことはしないだろう」というような答えだった。

「その答えはいかにもおかしかったが、その頃の日本の外交政策はおよそこのあたりから割り出したものだから、たまらないわけさ」という。

翻って、今日の日本と中国との間にある尖閣諸島についてはどうだろう。

今の中国には、人民の土地の所有権はないと聞く。日本にはあり、居住権の自由というものもある。それも考えに入れておく必要があるかもしれない。また、中国の有志が日本の水資源のある土地を買っている、という噂がつきない。

日本で土地の相続をしたとき、相続税が払えないから相手は誰でも売ってしまったほうがいい、という単純な理由があって、それを阻むことが難しい。

事実、あのバブル期に、日本人はニューヨークの建物やオーストラリアの土地を買った。ニューヨークでは大損をしたと聞いた。オーストラリアでは外国人が自由に土地を買いあさっているが大丈夫か、「なーにいくら買ったって持って帰られるわけじゃない」と現地人は静観していたというがその後どうなったか。

日本の年金をもらった人が海外で暮らすと、為替差益で充分に暮らせる、という話になってひとときは南スペインあたりの人気が出た。わたしが通りかかったときは、日本の軽トラックに日本の看板を出して走る車がいたが実際にはどうなっているのだろう。(もっともこれは、日本車の中古品かもしれない。)

話は変わるが、オランダとベルギーの国境にズンデルトというところがある。ゴッホはここで生まれた。お父さんは牧師で、勤めていた教会もそばにあり、早死にしたゴッホの弟のやはりゴ

ッホという人のお墓もある。
このズンデルトにあるゴッホの生家は、わたしの見たときは煉瓦造り、三角の塔のついた三階建てで、「ゴッホはここに生まれた」というプレートがはりつけてあった。住む人はすでに変わり、あのときは土地やアパートの斡旋業者が住んでいる風だった。その建物は時とともに少しは変わっただろうが瀟洒なものだった。
今、ネットの画像で、この家を見ることができるが、わたしが見たときに比べ、となりの家も買収して広げたらしく、観光の役にも立つ記念館になっているのがわかる。朝日新聞社の山田豊さんと、この町へ行ったときは、そのゴッホの家を背にして、前のレストランの二階に泊まった。一軒おいて靴屋があったが、そこで子どもの靴を買ったことを覚えている。今もその店は健在である。

ところが、そのころオランダ航空にいた大浦さんという気さくなかたがあった。この人が「ゴッホの家を買いませんか」と、すごいことを、さりげなくいった。

驚くなかれ、その値段はたったの二千万円だという。煉瓦造りの三階建てで、地の利さえよければだれでも買いそうなところだ。

でももしその家をわたしが買ったら、マスコミなどがなんと書くだろうと思って、ぞっとした。だから買えない。二千万円ならなんとかなったが、買わなかった。でも買っておいたら、のちにズンデルト市が買い戻し、記念館にしたい、といって、ひともうけできたにちがいない。みんなあとからいえることである。いやそのプレートだけをはずして帰っても相当な値段になったかもしれない。

樺太国境

『福翁自伝』では、諭吉たちの一行が、ロシアへ使節としていった機会に、樺太の境界をハッキリさせたいということになった。

これは一八六〇年の訪米から帰国した年の、その次の年の使節団（一八六二年）のことで、その後の経過を年表で見ると次のようである。

一八六七年　樺太島仮規則調印
一八六九年　北蝦夷地を樺太と改称
一八七〇年　樺太開拓使が開拓使から分離して、久春古丹に開設される
一八七一年　樺太開拓使を閉鎖し、開拓使に再度統合する

先に書いた樺太の国境問題は、日露戦争以前の問題であることがわかる。国後・択捉など北方四島の問題でもない。

問題の使節が地図を持ち出して、「地図の色はこうこうこういう色ではないか、だからおのずからここが境だ」というのに、ロシア人はとりあわない。

地図の色で境がきまるのなら、「地図をみんな赤で塗りつぶせば世界中がロシアになるではないか」というのだが、もっともである。

国境をきめるのに、さしあたり頼る確固としたものがない。そんなことでは日本の国力はだんだん弱くなるだけのことだ、と諭吉はすっかり情けなくなってしまう。

それとはべつにペテルスブルグに滞在している間、使節団に対するもてなしは、日本では考えられないほどの歓待だった。

ある日のこと、「日本は小国だ、アアいう小さな国にいて男子の仕事のできるものじゃない。ソレよりかお前はヒョイと心を変えてこのロシアにとどまらないか」といわれたので、諭吉は、

「それはできない、わたしは使節の随員にすぎない」などとことわるが、何を思うのかロシア側の勧め方は熱心であった。

最近（二〇一三年一月ころ）、フランスの俳優ジェラール・ドパルデューさん（六四）が、フランスで施行される富裕層増税をきらってロシア市民権を取得したことがニュースになり、他にもロシアの市民権をとる人がふえそうだという。

プーチン大統領が直接、ジェラール・ドパルデューさんにロシアの市民権を確認するパスポートを手渡す場面がテレビで放映された。

フランスのオランド仏大統領は、年収一〇〇万ユーロ（約一億一五〇〇万円）を超える富裕層の所得税率を七五％にする法案を提出していた。しかし、裁判所から違憲と判断されたため、修正法案を改めて提出する方針を示しているという。

朝敵と目をつけられた長州に対し、ついに長州征伐ということになり、豊前中津藩からも兵を出したことがあった。そのために江戸に留学している者からも小幡篤次郎など十人も出せという。「出兵の御用だから帰れといって呼び還しに来たその時もわたしは不承知だ。この若い者が戦争に出るとはまことに危ない話で、流丸に中っても死んでしまわなければならぬ、こんなわからない戦争に鉄砲を担がせるというならば、領分中の百姓に担がせても同じことだ、この大事な留学生に帰って鉄砲を担げなんて……」。

諭吉は好きだが、このいいかたと、太平洋戦争のときの学徒出陣を重ねて思わないわけにはいかない。

あのときの学徒出陣は、徴兵延期をされていた学徒が、その延期にも限度が来て、ペンを銃に代え、雨のために悲壮感のいや増す外苑の出陣式は、ときのニュースとして放映されることがある。諭吉たちは、長州征伐の学徒出陣には応じなかったので、その罪は父兄の上にふりかかり閉門を申しつけられたらしい。

諭吉から見れば、出陣は功名心を満足させる機会でもあった。諭吉はその功名心など問題にしなかったのでもある。

「桜田門外の変」（一八六〇年三月）という事件があった。

大老という要職に就任した彦根藩主・井伊直弼《いいなおすけ》は、懸案の日米修好通商条約締結について、孝明天皇の勅許が得られず、攘夷派の反対論も勢いを増していた。一方、駐日米公使のハリスからの要求も強まる中、井伊は勅許をまたずに日米修好通商条約をはじめとする安政の五か国条約の調印に踏み切った。慣例の上から、条約締結に勅許は必ずしも必要ではなかったからである。

（福沢諭吉の乗った咸臨丸が修好通商条約の批准書を持ってアメリカに向かったのは一八六〇年一月）

将軍の継嗣問題で井伊に反感を抱いていた一橋派は、条約締結に抗議し、勅許を得ていないと非難したが、政治は幕府に委任されているのだという立場にたった井伊大老に発言を封じられた。そのため水戸浪士を中心に薩摩の侍もあわせ、桜田門外で、井伊大老は暗殺された。

諭吉は、「当時日本国中の輿論はすべて攘夷（外国を敵視する）で、（中略）徳川幕府ばかりが開国論のように見えもすればもするようでありますけれども、正味の精神を吟味すれば、天下随一の攘夷藩、西洋嫌いは徳川であると言って間違いはあるまい。あるいは後年にいたって大老井伊掃部頭《かもんのかみ》は開国論を唱えた人であるとか開国主義であったとかいうようなことを、世間で吹聴する人もあれば書に著した者もあるが、開国主義なんて大嘘の皮、何が開国論なものか」と見る。

世の勢いから、勤王攘夷と佐幕攘夷と名前こそちがうが、その実は双方共に、尊皇、攘夷の考え方は同じなのに、現れ方がちがうので、関東と上方が鉄砲を撃ち合うようなことになる。

どういうつもりなのかと尋ねて見ると、「タトイこの国を焦土にしても飽くまで攘夷をしなければならぬという触れ込みで、一切万事一挙一動悉く攘夷ならざるはなし。然るに日本国中の人がワッとソレに応じて騒ぎたっているのであるから、何としてもこれに同情を表して仲間になるようなことは出来られない」という言い方をするが、それは「一億一心火の玉だ」というぐあいに、「日本国中の人がワッとソレに応じて騒ぎたっている」のは、そんなに昔からだったのか、そうして冷静さを失うのは、日本人の特性なのではあるまいなと心配になる。

頼母子講

頼母子講というものがある。今でもどこかでやっていると思うが、今は法律で禁じられている。どういうことかというと、信頼の置ける仲間で頼母子講のグループを作る。たとえば毎月十円出す人間を十人集めると百円になる。前述の「寝床」で金物屋がやっていたようなものだ。

今百円必要な人があり、銀行へ行っても貸してもらえないとき、その人が頼母子講の主催者となって、まずその百円を手にする。

その代わり、次の月からは責任をもって十円ずつ集めてまわり毎月百円の金を作る。次の月にはその講中の誰かが百円を貰う。

このとき、二回目の人が金を貰う権利は、はじめのとりきめにもより、抽選の順番制かまたは入札などで決める。入札高の多い人がその百円を手にし、入札した金額は十人が等分して分ける。するど、誰にも毎回いくらかのお金が入ってくるという楽しみができる。

最後になった人は、毎月貰った入札金を分けてもらった合計が利子にあたる。また、入札にすると、九人目と十人目とでは、入札といっても二人しかいないのだから（終わりに近づくに従って）入札の金額も低くなると思われるが、それでも銀行の利子よりは分がいいという話である。

その代わり、信用が少ない。つまり金を貰ったまま夜逃げをされたら、あとの者が困る。だから よほど気心の知れた仲間でないとなりたたない。

ところが、諭吉の場合、「天保七年に亡父の不幸で母に従って故郷の中津に帰りましたとき、家の普請をするとか何とかいうに、勝手向きは勿論不如意ですから、人の世話で頼母子講を拵えて」……、その場合は入札ではなく、くじ引きで決めたらしいが、大家の人々のなかには、少しばかりの金を毎月だしてつきあうのが面倒になり、「掛け捨て」と言って自分が出した金を捨てたつもりで、何の不満もなしに講から手を引く場合がある。

すると、この場合福沢が、その掛け捨てをした人からタダでお金をもらったことになる。

「(お前は)何も知らぬことだが、十年前にこういうことがあって、大阪屋が掛け捨てにして、福沢の家は大阪屋に金二朱を貰うたようなものだ。誠に気に済まぬ。武家が町人から金を恵まれて、それをただ貰うて黙っていることは出来ません」と、おかあさんが言い出した。諭吉は金二朱を持って返しに行き、押し問答の末ようやく金を返してきたという。「今はハヤ五十一、三年も過ぎてむかしむかしのことであるが」、よく覚えているという。

「掛け捨て」は返済などしないでいいと考えてのことだから、この場合は大阪屋のいうとおりなのだが、天保時代はまだそれでも武士は金というものにこだわっていなかったのか。福沢家は特別ではないかと思う。

町人の常識は、武家の非常識だったのかもしれない。まるで落語のような話になる。

一八六七年、幕府がアメリカから買い入れてあった軍艦を受けとるため、受けとり委員長小野友五郎の一行に加わって諭吉はアメリカに行くが、そのときもしっかりした売買契約書というようなものもなく、かなりいいかげんで、その代金が正確にはどうなったやらよくわからない。

また、新銭座というところに有馬屋敷の土地の出ものがあって、値は三五五両だという。

では来る十二月二十五日にその金を渡すと諭吉は約束して、十二月二十五日にその大金を持って新銭座の木村という家に行ったが、たまたま世の中は大騒ぎで金の受け渡しどころではない、なにしろ、三田の薩摩屋敷を焼き払うという大騒動だった。

それはそれとして、「金を持ってきたから受けとれ」「たとい約定書がなかろうと人と人と話したのが何よりの証拠だ」「この騒ぎのため、土地の値は下がろう、だから半値にしろとか百両にせよなどというのではない」「約束通り金を持ってきたまでだから受けとれ」、とにかく粘って金をもって行ってもらいました、という。


武士はお金のことに頓着しなかったと考えてもいいが、新井白石の『折たく柴の記』には、おもしろい記述がある。

そのころ、つまり宝永とよばれたころ、勘定奉行（今の財務大臣、日銀総裁のような立場）は荻原重秀《しげひで》という人だった。

荻原重秀は元禄の時代に、それまでの純度の高い慶長金銀を回収し金銀含有率の低い元禄金銀を発行して、幕府財政の欠損を補うという貨幣政策をとった。

今でも政府が紙幣をどんどん発行すれば、インフレが起きて、それだけ国の世界に対する信用がなくなる。

小判でもひとときは改鋳（金の含有率を変えて鋳なおすこと）による差益がでて、一時的に幕府財政は潤うが、それに味をしめたかどうか、そうして改鋳をし続けたために、モノとカネのありかたが不釣合いになりインフレーションが起こった。

その政策はさておき、荻原は御用商人からの収賄や貨幣改鋳について巨額の利益を収めたとか、汚職の噂が絶えなかったため（『折たく柴の記』）、白石は荻原重秀を糾弾したが、萩原が白石の政敵にあたるからだと見る説もあるという。

わたしが子どもの頃は、「兌換《だかん》紙幣」を日本銀行に持って行けば紙幣に書かれている金額の金をわたしてくれることになっているのだった。今は「不換紙幣」として金ととりかえないけれど政府が保証するというのが世界の常識になってしまった。つまり荻原重秀は早くも「不換紙幣」の考え方をとり入れていた、という人もある。

白石は貨幣の金銀含有率を元に戻すように主張、実行したため、デフレが発生したというが、わたしは白石のファンだから、「兌換紙幣」の考え方が正しいと思う。

海外の文物は、ほとんど、リリパッドの国に上陸したようなものだった

久米邦武『米欧回覧実記』田中彰校注

徳山市の生まれで、その誕生日もわたしと同じというのは、わたしが自分に引きつけて思うことだが、のちにわたしのかみさんの同級生が彼（田中彰）の兄弟と結婚していることがわかった。田中彰の専門は日本近代史で、わたしとは関係なかったのだが、有名な『米欧回覧実記』の権威だったから、一方的に私淑していた。この本はわたしのベストファイブであり、杉本秀太郎とよくその話をしたためにことのほかなつかしい。

奇特な編集者（齊藤）がいて、この本を英訳したい、といいはじめた。明治の本だから日本人でもむつかしいのに、どうするんだろうと思っていたら、この叢書を各国で手分けし、英国はイギリス人に米国はアメリカ人にという具合に、それぞれの関係国の人に訳してもらうという。名案だなと思った。

アメリカ編はプリンストン大学のマルチン・コルカットという先生に頼むという。

同時にわたしの『繪本平家物語』を彼の地に持っていって展覧会をしたいと齊藤さんがいった。ことは順調に運んだが、そのころ、アメリカに行くものはトランクの鍵をかけてはいけないことになっていたのに、わたしはそれを知らなかったため、トランクはこじ開けられていた。

コルカットさんは、手で巧みに魚をとる秘術を知っていた。川で遊んだ人は知っているのかもしれないが、岩の下に手を入れてもし魚をつかまえたら、すぐに引き揚げないで、お腹の下を、コチョコチョとくすぐる。すると魚は催眠術にかかったように呆然となるので、それから、おもむろに引き揚げるというのである。

コルカットさんは、いろいろと気を配ってわたしを案内したいといってくれたが、じつは仕事を抱えたまま行ったものだから、締め切りの関係上、ほとんどのことは辞退した。その理由が（英語が完全でないため）いえなくていまも心苦しく思っている。ついでにいうと、奥様は非常に品がよくて美しい日本人であった。

ここでは、『米欧回覧実記』の説明をしたいのだが、著者の久米邦武と洋画家の久米桂一郎（久米桂一郎は邦武の子ども）を記念して開館した久米美術館に、桂一郎の作品のほかに邦武、御自身の資料が保存されている。またこの本は岩波書店で出され、文庫本にもなっているので読むことができる。

ここではアメリカ編の中から、おもしろそうなところを一か所だけ、抜き書きする。

久米邦武が行ったのは

米国は今より十年前にありて、内訌おこり、南北相戦うこと四歳、生霊血に塗《まみ》れ、之を名づけて市民戦争という。然るに一千八百六十五年に戦争始めてやみ、再び昇平を楽しむにいたれり。外国に於いては、普仏の戦いも亦和協に帰し、今や世界を概視するに、一塵動かす、真に四海太平の秋《とき》なりとて、此の会を興すことをはかりたり。

という状況のなかだった。

我一行横浜にて、米船に上がりしよりは、全く殊俗の域となり。我の挙動は、彼の嘱目となりし如くに、彼の挙動も、我には怪しまれたり。其の詳かなるは、更僕《こうぼく》も能く尽す所ならねと、其中に就て、最も奇怪を覚へたるは、男女の交際なり。夫婦交際の状は、日本にて、婦の舅姑《きゅうこ》に事《つか》へ、子の父母に事ふ所を挙げ、夫の我婦に事ふる道となせり。燭を執りくつを捧け、食饌をおくり、衣裳を払ひ、下るには扶《たす》け、上がるには助く、座にはこしかけを進め、行くには器を奉す。少しく婦の怒りにあえは、愛を起し、敬を起し、俯伏して之を詫びて、猶聴《きか》れす、室外にしりぞけられ、食することをも得さることあり。男女舟車を同しくするときは、丈夫は起て席を譲り、婦人は辞せすしてその席につく。婦人座に進みくれは、衆みな起敬し、同会の間は、容止を慎み、声気《いき》を屏《しりぞ》け、毎時婦人に先を譲る、婦人敢えて辞せす。座を起て入れは、衆始めて惰容あり。もしその儀《ぎ》則《そく》を移し、我の孝養の儀則にかえは、孝道の進歩を著しくみるに至るべし。是大抵西洋一般の風なれとも、米英殊に甚し。英は女王を立てる国なるにより、此風を増長し、米は共和政治なるにより、男女同権の論を滋蔓《じまん》せる所なり（瑞士《スイス》共和国は其風甚た箇なり）、近年米国にては、婦人に参政の権あるへきことを論し、或る州にては已に公許せりとも云、ワシントン府に住す一女医は、高帽穿袴《せんこ》、男子の服を着て徘徊す、心ある婦人はみな擯斥《ひんせき》す。之を要するに、男女の義務は、自ずから別あり。国の防扞《ぼうかん》保護の責に任すへからさるも、亦明らかなり。東洋の教へ、婦人は内を治め、外を務めす、男女の弁別は、自ら条理あり、識者慎思を為ささるべからす。（以上の記事につ

いて、片仮名でかかれたところはすべて、平仮名にした。ワープロになかった漢字はひらいた）

以上のほか、黒人差別の問題、奴隷解放のこと、民主主義と議会の運営のことなど、見るもの聴くもの、ひとつとしてわれわれの国に同じものはなかった。ものめずらしく、中には自分たちの文化のほうがよいと思うものもあった。

はじめて見る海外の文物に、それほど新鮮にして奇なる感慨をもったか、ほとんど、リリパッドの国に上陸したようなものだったにちがいない。

公式記録にはないが、有名な話がのこっている。これは、この本の田中彰の「解説」に書かれていることだが、岩倉具視の一行に随行した、書記官や随員のある者が、幕末以来、欧米文明に接し、外国体験をもっていたのに対し、理事官たちは国際的知識に乏しく、洋行経験はなかった。その点では伊藤を除いて大使・副使も同様だった。なさけないが有りがちなことである。

このことが、使節団内部で外国通とそうでない者とを色分けした。そして、ひとたび未知の外国の地を踏むや、大使・副使の権威は色あせ、同じような理事官に対して、外国通の書記官たちはさかんに愚弄するところがあった。この書記官たちが多く旧幕臣であったことから、佐々木高行のことばでいえば「使節初め理事官など、維新の仇かえしを食わされたる景況なり」（『保古飛呂比』明治四年十二月十二日条）ということになる。理事官の側からいえば、旧幕臣の書記官は、高給目当ての「職人」ごときものであって、その彼らが維新に功労のあった理事官に向って何たることか、というわけである。

たとえばパリに一日の長のあるものが、良いレストランがあるからつれていこうと、先に立つことさえ、今でも、たしなみに問題があるのに、米欧回覧となれば一日ではすまないことである。

このような状況をみて、アメリカ到着後の木戸の感慨は、そこに日本の文明と開化の皮相をみた。だから、このような皮相な文明開化であれば、もし将来アジアの諸国が日本の開化を慕って使節を送ってきたとき、いま岩倉使節団がアメリカの地でうけている厚遇と誘導のような態度をとりうるかどうか、また、このような皮相な開化の治者たちが、被治者たる人民一般に果してどのような対処のしかたをするだろうか……（明治四年十二月十七日、杉山孝敏宛書簡）。それゆえに、木戸がこの皮相な開化と、底の浅い日本の文明の克服をめざして、教育制度に関心を払ったのも充分理由のあることだったのである。

歴史にみるとおり、結局木戸の予見はあたり、杞憂はやがて現実の脱亜入欧、によるヨーロッパ化によって、そのいきつくところアジア諸民族には侵略と支配を、日本の人民に対しては自由と民権にかわるに専制をもって臨んだのである。

（この解説は田中彰の書いたものを主とし、パリのところを一カ所だけ、わたしがつけくわえた。）

今は、アメリカ編の男女同権のところを読んだだけだが、この本は当時としては驚くほど広範囲の各国の地歴について研究している。文語体で難しいが、あまりにわからないところは飛ばしてでも読むといいと思う。

いつかはこのマッターホルンのあった場所に岩屑の山が残るだけのときも来るであろう

ウィンパー『アルプス登攀記』浦松佐美太郎訳

わたしは、疲れているとき映画館で一眠りして帰ることがあった。うちには冷房装置がなかったので快適だった。

その日はなんだか山登りの映画らしかった。だから、格別のストーリーはないし、いつもよりよく眠れると思っていた。

ところが、頂上に向かうということのほか、特別の物語はないのに、ふだん見ていた映画とちがって眠ることはできなくなった。

ハーケンを打ち込む、それに通した綱にたよって、ターザンのように山の壁面をわたるかと思うと、底なしの井戸のようなところを、両手、両足で壁を支えながら上に登る。この人たちは足の下を見たことがないのかと思う。食料だって大変だ。寝るときも大変だが、その映画によると少しだけ体が横たえられるところに例のハーケンを打ち込み、それで体を岸壁にしばりつけて眠る。かなり変わった夢を見ても落ちることはないようにしているらしい。

夏はそれでいいが、わざわざ冬に登る人もある。かれらは崖で火を燃してあたっているらしい。夜の黒い山が写っている中に、火を燃やしているその火だけが写っている場面もあった。

とにかくハーケンを打ちながら登るのだが、われわれ人間は水平に歩くように設計されている、それを垂直に登ろうというのであるし、まれにオーバーハングになっているところを、やはりハーケンの効き具合だけをたよりに登っていくのである。

ここまでは素人が映画を見て眠れなかったという話だが、ものは試しだと思って、マッターホルンという動画をインターネットで見た。これはおすすめである。

「マッターホルン頂上」と引けば、登頂二分前からの動画が見られる。ツェルマットから見ても角の先のように見える頂上だが、実際にも角の先のような見事な尖端に、その人は立つのである。


一八六五年七月十四日、エドワード・ウィンパー、チャールズ・ハドソン、フランシス・ダグラス卿、ダグラス・ハドウのイギリス人パーティはミシェル・クローとタウクワルダー父子をガイドにしてマッターホルンの初登頂に成功した。

このとき選んだヘルンリ尾根を通る登山路は他のルートより平易であった。下山中、ハドウの滑落にクローとハドソン、ダグラス卿が巻き込まれ、クライミングロープが切断し、四人は一四

〇〇メートル下に落下して亡くなった。このときのロープの切れ端がツェルマットの登山博物館にある。

〔補記〕二〇一六年九月十九日、夜の日本テレビ放送によると、ウィンパーたちの、マッターホルン登頂を終え、下山の途中で切れたというロープについては、疑惑の噂を聞いたことがあったが、この噂は事実に近いらしく、そのときのダグラス・ハドウの子孫が、英国のボドリアン図書館で、昔の記述をみつけ、ロープはナイフではなかなか切れないほど強いものだったが、切れた部分（博物館へ飾られているもの）は強くなかった、なぜかというとそこがつぎたしてあったのだというのである。登攀に功を焦ったウィンパーが、自分が登山仲間と結んでいた綱を切り、まず自分が初登頂の一番乗りをした。そのとき切ったためにロープがみじかくなって、つぎたさねばならなかったのだという。

当時の裁判で、ウィンパーがハドウをおとしめる証言をしたので、子孫がしらべたのだという。初登頂はウィンパーに違いないが、下山の時の事故には疑惑のあともあると聞いて、愉快ではなかった。

初登頂から三日後の七月十七日、ジャン・アントン・カレル率いる登山隊がイタリア側からの登頂に成功した。一八六八年にはジュリアス・エリオットが自身二度目の登頂を果たした。同じ年にジョン・ティンダルは二人のガイドとともにマッターホルン初縦走に成功した。一八七一年にはルーシー・ウォーカーがライバルのメタ・ブレヴォールに数週間先だって女性初の登頂を成し遂げた。一九二三年には麻生武治が日本人として初登頂を果たした。（ここまでの記述はウィキペディアによる。）

そもそもこの山があとまわしになったのは、魔物や妖怪が住んでいるという俗信のために登る人がなかったのだという。

このマッターホルンに初登頂したウィンパーの記録『アルプス登攀記』が岩波文庫に入っている。上下二冊の本で、例のわたしの映画館の昼寝の経験にてらして、息もつかせぬほどおもしろい。最初の遭難のところを読む。

……私は、右手を岩にかけて、左手で登山杖をもち、雪を杖の先で何度も突いてしっかりした足場を作り、そのようにして岸壁のかどまで進んでから、向こう側へ体を乗り出して、同じように足場を作った。ここまでは順調に来たのであるが、さて岸壁のかどを回ろうとしたとき（いまになっても、どうしてあんなことが起こったのか分らないのだが）、私は足を滑らして、落ちてしまった。わたしの落ちた斜面は急であった。

〔あちこちに体をぶっつけながら二〇〇フィートほどの距離を落ちた。けがをしたが傷口は驚くほど早くふさがった。〕

〔そんなことがあって〕、一八六二年は、その後だれも登攀を企てるものもなく暮れてしまった。

税関はどの国でも厄介なところである。ウィンパーたちが持っていた梯子やロープは登山のために使うことを信じてもらえなかった。

でもひとりだけ頭の回る人がいて、あなたたちは軽業師だろう、そしてロープは見物人を整理するためのものだろう、そして付き添っている男は興行師だろうと判断して税関を通らせてくれた。

　この驚嘆すべき岸壁の上から石を落としたら、おそらくその石が、何かに当たるまでは一五〇〇フィートの間空中を落下していくことだろう。さらにそれよりも高いところから落ちてきた石はこの絶壁を飛び越え遙かに下の方まで落下し、そこで跳ね返って、岸壁の下から一〇〇〇フィートも離れたところへとんでいくことであろう。

　余談だが、こんな急斜面の山の中へカモシカが住んでいて、全く平地を歩くように自在に動き回っている。彼らの登山技術をみてあきれるほどおどろくところもある。

　また余談だが、この本には写実的な挿絵がたくさんはいっているが、それはウィンパーの手になるもので、何を隠そう彼は画家なのである。

〔登山とは関係ないが〕白痴病と呼ばれる極端な型の白痴が、アオスタの谷では、非常に広がっている。しかし土地の人びとは、それにすっかり慣れてしまっているので、驚いた旅行者が、あまりにもひどいなどと言おうものなら、腹を立ててしまう、（中略）一般的にいって、白痴が甲状腺腫にかかっていることは確かである。

（中略）

フランス、イタリア、スイスでは、甲状腺腫にかかることは得なのである。それによって兵役免除になるからである。

（中略）

サヴォアがフランス領となったとき、政府はこの新しい領土の国勢調査をしたのであるが、その結果、面積の広い割に、兵隊に取ることのできる人物の少ないことを知ったのであった。そこで政府は、このような事態の改善に動き出し、甲状腺腫は不純な飲用水に原因がある（中略）との結論を得たので、村々を清潔にし、水を分析し（飲用に適しないものを指摘し）、学校では児童たちに少量のヨードをふくむ錠剤を飲ませることにした。このような治療が八年間にわたって行なわれたのだが、五千人の甲状腺腫にかかっていた児童のうち二千人は全治し、二千人は快方に向ったといわれる。（中略）

ソウハイイウモノノ（安野）

この病気について、今日までに書かれたものは、殆んど例外なく、その原因をただ想像してみただけに終わっている。確かに推論ができるような、正確な資料が全く欠けていたよう

に思われる。しかし私たちイギリス人は、調査をしていないということでは、他の国の人びとを非難することができない。
（中略）
白痴病は、アオスタの谷で、最も不愉快な現象であるが、それは同時に、最も人目を驚かす現象でもある。

白痴病のことは胸を痛める。わたしがいったところで何にもならないが、アオスタという土地の名前は、登山をする人の間であこがれの呼び名であるらしい。

わたしは、登れもしないのにこのアオスタをうろうろし、ついにイタリア側からマッターホルンまで行ってみた。目の前にみるその山はスイス側から見るのとは全く違って信じられないほどだったが、マッターホルンにちがいなかった。麓に喫茶店がありコーヒーを飲んで帰った。

途中の、問題のアオスタはどうだったか。巧みに石垣を積んだ上に家をたててあるが、白痴病ではできまいと思われるりっぱなものであった。この本では白痴病にずいぶんのページをさいてある。

ウィンパーが年取って七十歳の頃だろうと思う終わりの言葉にこころを動かされた。


いつかはこのマッターホルンも姿を消し、巨大な峰の立っていたあとに、ただ形もない岩屑の山が残るだけの時も来ることであろう。何ものも抵抗し得ない自然の営力の前に、微々としてではあるが、時々刻々に山は崩壊しているのだ。とは言っても、これは遙かに遠い将来の時のことである。今後長い将来にわたって、幾多の世代の人びとが、この恐ろしい絶壁を見上げ、その素晴らしい山の姿に、驚きの目を見張ることであろう。どんなに高い理想を持ち、どんなに大きな期待をもって登ったとしても、マッターホルンは、決して失望させないであろう。

決闘で「あの馬鹿が本当に、撃ってしまった」

ビアス『悪魔の辞典』 西川正身訳

調べてみると、ビアスの『悪魔の辞典』がはじめて連載されたのはサン・フランシスコの週刊誌『ウォスプ』で、一回につき一五語から二〇語の定義の連載を八八回にわたってつづけた。これはその辞典の内容からいって、よくも書けたものだと改めて思う。

その『悪魔の辞典』日本語版翻訳者の西川正身先生におめにかかるような日がこようとは思ってもみなかった。昔、武蔵野市の教員をやったことがあるので、偶然、西川先生のお隣にわたしのよく知っている教頭が住んでいたことも、知らなかった。

毎日、西川正身のもとへ通って、その翻訳原稿をもらいに行ったのは、岩波書店の星野紘一郎で、一日に二つか三つくらいしか貰えないといっていたが、あの翻訳は普通の文学作品ではないのだからしかたがない、どうか気長に通って全編をもらってくれ、とおせっかいを言った。

ニューヨークで出版された当初、書名を『冷笑家用語集』と題した経緯に事情はあるが、その題名よりも『悪魔の辞典』という書名がいい。神から見れば悪魔はその対極にあって、とんでもない奴、と見えるかもしれないが。悪魔はちょうど羊飼いの使う牧羊犬のように、善良な羊を追って、無事、柵の中（神のもと）へ追い込むのを仕事にしている。

牧羊犬（悪魔）からのがれようとして、われわれは神を信じている。つまり悪魔は、神の手先の役目を果たしているのだからわれわれに救いはない。

『悪魔の辞典』は神の言葉かもしれない、と思って読もうとすると、読者はある程度「冷笑家」の気質を持つ必要がある。そういうと、この本を翻訳した西川正身は、人並み外れた冷笑家ということになるが、そうだとすると、推理小説の翻訳などはだれもできなくなってしまう。わたしは、そうは思わないが、『悪魔の辞典』はわたしの感性にピッタリなのである。

この辞典の紹介をしたいが善良なわたしにはむつかしい。いくつかサンプルを紹介するので、ためしに読んでみてもらいたい。

なお、「尻馬」というのは、人がおもしろいことを話すと、わたしもこういうことがあった、という具合に蛇足をつけることで、わたしの親爺が「尻馬に乗るな」と固く戒め、「人の話を聞け、あとだしじゃんけんはするな。かりに後出しのはなしのほうがおもしろいことがあってもはずかしいのは自分のほうなのだ」といつもいっていた。

それはわたしがまだ子どものころの話ではあるが、つまりわたしは生来尻馬に乗ってきたのかもしれないと恐ろしくなる。

飢え　人類のあらゆる階層の者を苦しめる一種独特の病気で、その治療は、通常、食事の摂取ないし食餌療法によって行われる。立派な家に住んでいる人びとは、同じこの病気にかかっても、きわめて軽くてすむことが観察されている。この知識は、この病気の慢性患者にとっては有益である。

尻馬＊肥満症で困っている人には、飢饉の到来は待ち遠しいかもしれない。断食を試みる場合もある、飢饉などどこ吹く風ということになる。

受け入れる　求婚の場合、相手の愛を受け入れるとは、あとで何倍もの手痛い報いを受けること。官職に就《つ》くことを受け入れるとは、ある程度不承不承なところを見せながら、厚かましい貪欲《どんよく》の報酬を受け取ること。果し状を受け入れるとは、人間の生命の尊厳さを心から信じる者になること。

尻馬＊果し状はどうかしらないが、決闘は本気でやらないほうがいい、と聞いたことがある。

蛆《うじ》の餌食《えじき》　われわれ人間を原料にして作り上げる製品。タージ・マハル、ナポレオンの霊廟、

グラントの墳墓の中身。通常、蛆の餌食よりもそれを入れる建物のほうが長持ちする。だが、「それとてもやがては消え失せる運命を免れない」。人間が営み得る仕事の中で最も愚かしいのは、おそらく自分自身のために墓を建てることであろう。その目的は厳粛なものがあっても、予《あらかじ》め分っている空しさをおごそかなものにすることはできず、かえってその空しさを対照によって際立たせるにすぎないからである。

自惚《うぬぼ》れ　こちらが嫌っている奴に見られる自尊心。

噂　(一) 人の名声を抹殺しようとする暗

殺者たちが好んで用いる武器。(二) 嘘つき。

尻馬＊流言飛語の素。このくらいこわいものはない。

餌　釣り針の味を一層よくするために作った料理。その最上のものが美貌。

尻馬＊一本の糸があり、その一方に魚が、もう一方に気の長い男がくっついてつながっている、と冷笑家風な言葉を聞いたことがあるが、魚釣りの好きな人は必ずしも気が長いとはかぎらないという説もある。

追剝《おいはぎ》　率直な実務家。

ヴォルテールについてこんな話がある。ある晩のこと、数人の道連れと一緒に路傍の宿屋に泊まった。辺りがいかにも追剝が出そうな所だったので、一同は、夕飯後、代る代る追剝の話をすることにした。やがてヴォルテールの番がくると、彼は語り出した。「むかし、一人の徴税請負人がいた」と話し出したが、それ以上話をつづけようとしないので、その先を聞かせてくれ、と一同が催促した。すると答えて曰く、「話というのはただこれだけさ」。

尻馬＊ついこのあいだ、パナマ運河のある国の税制を利用して脱税を試みた人がたくさんいた。

懐古　不仕合わせな人びとに許された最高の贅沢《ぜいたく》。

尻馬＊この辞典の中でも、最高に納得できる言葉。「こう見えたって、ぼくの若い頃は、……」。この「……」のなかには、かなり贅沢な空想を差し挟むことができる。ただ聞き手を選ぶ必要があるが、わたしは常に懐古の精神で生きている。

火薬　文明諸国が、調停しないで放っておくと、厄介なことになりかねない国家間の争いを解決するのに用いる力。著述家の大半は、火薬はシナ人の発明にかかる、としている。ただし、十分納得の行く証拠があってでのことではない。火薬は悪魔が天使たちを追い払うために発明したものである、とミルトンは言っているが、この見解は、天使の数が少ないことを考えれば、ある程度支持が得られそうに思える。

偽善者　自分ではそんなものは少しも尊重していないくせに、いくつかの美徳を身につけていると称して、自分が軽蔑している当の人物らしく見せかけるという虫のいい条件を確保する者。

貴族　社会的名声という厄介千万な代物を一身に引き受け、かつ上流の生活をも甘受しようというほど野心に燃えた、アメリカの金持の娘たちのために自然が用意してくれているもの。

尻馬＊貴族という階級は、今は多分無いと思うが、わたしはフランスの田舎のバーで「あの人はこんなところに出入りしているけど、実は男爵なの」という人にあったことがある。現在は幼稚園経営の信望のある人だった。フランス革命の中をよく生き延びたと思う。日本でも、今は爵位こそないが、もと殿様という人はたくさんいる。

昨日　青春の幼年時代、成年の青春時代、老年の過去のすべて。↓過去、現在、翌日

希望　欲望と期待とを丸めて一つにしたもの。

キューピッド　恋愛の神と称せられるもの。この、野蛮な空想力が生み出した私生子は、疑いもなく、神々が犯した罪の代償として、神話が背負いこまねばならなくなった厄介者であるにほかならない。この世の中に生れた醜い不穏当な思いつきが数多くある中でも、これくらい無茶で不愉快な思いつきはほかにない。この、性愛を半ば中性の赤ん坊をもって象徴させ、情熱に伴う苦しみを弓矢で受ける傷になぞらえようとする考え——こんなずんぐりとした小人《こびと》を芸術の中に取り入れ、それでもって、俗悪きわまることに、愛の働きの持つ微妙な精神と暗示を具体化してみせようという考えは、自分が生んだくせに、後世の人びとの戸口に捨て子にしていささかも顧みなかったかつての時代に、まさにふさわしいと言わねばならぬ。

拒絶　心から望んでいるものをことわること。たとえば、金持で美貌の男性が求婚してきたのに、オールドミスがその申し出をことわるとか、裕福な自治体に対して、市会議員が重要な特権をことわるとか、悔い改めていない国王に対して、司祭が免罪をことわるとかその他。拒絶には、次のような数段階があるが、その決定的な力は、初めから順に次第に弱まって行く——絶対的拒絶、条件的拒絶、試験的拒絶、女性的拒絶。この最後のものを、詭弁家《きべんか》の中

には、肯定的拒絶と呼ぶ者がいる。

訓戒　愚かな人びとが好き好んで友人を失う数ある方法のうちの一つ。

尻馬＊わたしは、酒が飲めない。無駄なことだと思う。思うだけならよかったが、酒を飲むなと友人に注意をかさねた。そのため、これまで、何人かの友人を失ったであろう。

軽蔑　下手に反抗しようものなら、ただではすみそうにもない手ごわい敵に対して、慎重居士《こじ》が心に抱く感情。

決闘　二人の仇《かたき》同士を和解させるにあたり、その準備段階として執り行われる型通りの儀式。ただし、この儀式を満足に執り行うには、少なからざる熟練を必要とし、下手にやると、それこそ思いがけない嘆かわしい結果におわることが時にある。現に、だいぶ前のことだが、一人の男が決闘をやって命を失ったことがある。

尻馬＊決闘というのは、命をかける、ということを前提にした儀式なのに、「あの馬鹿が本当に、撃ってしまった」といわれているのを小説で読んで、認識を新たにした。むかし西欧の戦争では傭兵隊といって、兵隊をやとって代理戦争をさせた。敵も傭兵隊を使う、すると、傭兵同士が話しあって、つまり談合して犠牲を少なくしたという。傭兵と弁護士はちょっと似ているところがある。

胡麻　通常、「開け、胡麻」なる成句の中で使われる。硬貨。

尻馬＊金が仇の世の中と古人はいう。広い意味で拝金主義でないものは、中国人でなくてもいないだろう。昔、歌謡曲の一節に「金もいらなきゃ名もいらぬ」という句があった。後に続く言葉がよくない。「愛の古巣へ帰ろうよ」というのである。

サタン　造物主がうっかりやらかし、「飾り帯をまとい、斧《おの》を手にして」悔いている、嘆かわしい過ちの一つ。大天使の地位に就《つ》かせてやったところ、さまざまな不都合をしでかすもので、ついに天国から追放ということにきまった。ところが、下界へ半分の所まで下りてきた時、ちょっと立ち止まって首をかしげて考えこんでいたが、やがてまた、もといた天国へ戻って行って、造物主に向かって言った。

「一つお願いがあるのでございますが」

「申してみよ」

「これから人間が作られるとか、うかがっておりますが、人間は掟《おきて》を必要とするのでございましょう」

「何を言う、こいつめ。お前は、わしの命令で人間の敵ということにきまり、永遠の暁に始まり、人間の魂を憎みに憎みつづけるはずではないか。そのお前が、人間のための掟を作る権力がほしいと言うのか」

「いえ、失礼ではございますが、人間の掟は、人間自身が作ることをお許し下さるようお願い致したいのでございます」

造物主はそのように定め給うた。

平和 国際関係について、二つの戦争の期間に介在するだまし合いの時期を指して言う。

老齢　すでに犯すだけの冒険心が持てなくなっている悪徳を悪しざまに言うことによって、いまだに失わずに持っている悪徳を棒引きにしようとする人生の一時期。

尻馬＊わたしもついに老境に達した。長老といわれても返す言葉がない。わたしは尊厳死協会に入っている。これはいわゆる延命医療を拒否するという協会である。考えてみると、協会を作ってまで延命を拒否するというのは、ほんとうはおかしい。「死ぬ」ことは自然の摂理なのだから、その摂理に反して延命を願うものが、延命悲願協会を作るべきだと思うがどうであろう。老境に達し、運転免許証は返納した。今後交通事故に遭うことはあっても、自分が原因になって事故を起こすことはなくなった。

その老境に達した男が、『悪魔の辞典』を枕頭の書とし、こんなに貴重な本はないと思っているというのだ。

両国人民の利益、と幸せを保つ努力をつづけようではないか

陸奥宗光『蹇蹇録』

『蹇蹇録《けんけんろく》』という本がある。

この本を書いた陸奥宗光《むつむねみつ》（天保十五年七月七日生まれ。一八四四〜一八九七年）は、外交官としてはたらき、版籍奉還、廃藩置県、徴兵令、地租改正に大きな影響を与えた。なかでも日清戦争の講和条約につとめ、その外交秘録としての本である。

この本は文語体で書かれているが、読む気になれば文語体もわるくないことがわかる。すばらしい文章である。

陸奥宗光の生涯―栄典―家族のどれをみても、明治時代の政治家はたいしたものだ、とあらためて思った。

「蹇蹇録」という用語は『易経』という中国の昔の本にある、「蹇蹇匪躬《ひきゅう》」よりとったもので「心身を労し、全力を尽して君主に仕える」という意味だとこの文庫本の帯に書いてある。

なぜ日清戦争は起こったのか、そして勝利し、どのようにして収束し、講和条約を終えたか。この本の感想文を書くことは荷が重いので、興味のある方は是非読んでいただきたい。ここでは、李鴻章の部分を書いておきたかった。わたしが子どものころ、すでに日清戦争が終わって約三五年後に

リッコウショウノハゲアタマ
マーケテニゲルガチャンチャンボー

とはやしたてるような童歌をとなえたことがあったから、リッコウショウとは男であることがわかっていたが、後に李鴻章と書くことを知った。

日清戦争に負け、清国全権弁理大使として下関に来日することになった。その大使は、

つねに、放逸不羈、無頓着にその言わんと欲する処をいい、その往かんと欲するところに往くが如き風采あるを以て、欧米外国人の中には、彼を目して世界稀有の一大人物なりと過賛するものあるに至りたり。

というのだから、リッコウショウノハゲアタマなどというレベルではなかった。

日清戦争の敗北後、講和交渉で全権を任された李鴻章は光緒二十一年（一八九五）三月から下

関の引接寺に滞在し、春帆楼へ通って伊藤博文・陸奥宗光と講和会議の交渉を行った。三月二十四日、李鴻章が引接寺と春帆楼を結ぶ道（現在の「李鴻章道」）で小山豊太郎に狙撃され、負傷するという事件が起こったため、日本側は列国の干渉をおそれ、まず休戦条約を調印し、四月十七日に日清講和条約（下関条約）の調印を行った。

この条約で朝鮮・台湾・遼東半島（後に三国干渉で返還）喪失と賠償金支払いが決められ、清は大きく威信が低下した。

狙撃事件について、明治天皇は、

朕惟《おも》うに清国は我と現に交戦中にあり。しかれども已にその使臣を簡派し礼を具え式に依り以て和を議せしめ、朕また全権弁理大臣を命じこれと下ノ関に会同、商議せしむ。朕は固より国際の成例を践《ふ》み国家の名誉を以て適当の待遇と警衛とを清国使臣に与えざるべからず。乃《すなわ》ち特に有司に命じ怠弛《たいし》する所なからしむ。而して不幸危害を使臣に加うるの兇徒を出す。朕深くこれを憾《うら》みとす。その犯人の如きは有司固より法を按じ処罰し仮借する所なかるべし。（中略）現に日清開戦以後我が国の各新聞紙は勿論、公会に私会に人々相集まれば清国官民の短所を過大に言い振らし罵詈誹謗《ばりひぼう》を逞《たくま》しうし、延《ひ》いて李鴻章の身分に対しても殆ど聞くに堪えざる悪口雑言を放ちおりたる（以下略）

日本の講和会議に臨んだ者は、李にたいし深くわびを入れた。いろいろあって、この李鴻章は、この覚え書き（返信）の末文に「本大臣はなお爰《ここ》に一言の忠告あり。貴大臣の諒聴を乞う」と書いた。

本大臣官にある殆ど五十年今自ら願《おも》うに死期最早多年なし。君国のため尽す所も恐らくは今回の講和事件にて最終とならん。ここを以て深く条約の妥当善良にして毫も指摘すべき所なきことを期し、両国政府をして

（以下口語に訳して、読み続けたもの）

これからさきは、お互いの、まじわりを固くし、国民みんなが仲良くできるよう

につとめ、そして、わたしの永遠の願いに努めたいと思う。いま、講和条約がまさに意見の一致を見ようとしているとき、両国国民の永遠の幸せはすべて、両国全権大使の掌中にあるのだ。

どうか、これまでの、各国の政治家が深く考えてきたことを手本にし、そしてわれわれ両国人民の利益と幸せを保ちつづけるために努力をつづけようではないか。もしいつまでも仇を視るようなつもりでいたら、日本の国の計画や人民にとっても幸せではない。

東洋の二大国民は今後、永遠に親しみ、たがいに永遠の平和をめざそうではないか。

これは、その後の日中間のできごとを思うにつけて、顧みることだ。

リッコウショウノハゲアタマ

などと、はやしたのはもうしわけない。彼が本当に心にしみる言葉をのこしてくれた、と思う。

『蹇蹇録』はまだまだ続くが、ひまのある方は、読んでいただきたい。

わたしもガンになり、腫瘍ができていて、放射線の治療をうけた

中江兆民『一年有半』

中易《なかやす》一郎という友だちが拓殖大学にいて、彼が黙って一冊の本を持ってきてくれた。何かに書いたかもしれないが彼は京都の三高出身で、以前三高の寮歌集を持ってきてくれたことがある。しまっていたが、ある日、その本の詩の中で「自由」という言葉が出てくるたびに彼が赤丸をつけていたことがわかった。

こんなにも自由を求めていたのか、と思って涙が出てきた。三高といえば日本でも一番自由な学校という評判だったのに、それでもまだ彼は自由にあこがれていたのか、と思った。

その彼が、ある日、中江兆民の全集のうちの一冊を持ってきて、黙ってくれたことがあった。解説文を書いたのか、と思った。その『一年有半』はもう前に読んでいたのでしまっていたのだが、彼が亡くなって、ほとんど彼の遺書のようにわたしにくれたものだった。わたしもガン（良性）になり、径四センチの腫瘍ができていて、放射線の治療をうけ、小さくなった。きわどいと

ころで命拾いをしたが、彼もその後ガンになり、後のものが先になって亡くなった。

わたしは、その後この本を改めて読み、改めて感銘をうけた。難しいように見えるが、誰が読んでも、きっと何らかの感銘をうけるはずだと思っている。読むべき一冊の本といわれれば『方法序説』か、それともこの本かも知れぬと思っている。

しかし、さすがの兆民も若いときは、丸裸で通りに出て女をけむに巻くなど、奇行の多い人だったという。

司馬遼太郎が書く坂本竜馬のことで、はじめて土佐の高知に行ったとき、偶然、寺田寅彦の生家というのを見て驚いたことがある。わたしは熊本の人と漠然と思っていたのだ。ところが彼は高知の人だった。

そのうえ、中江兆民も高知の生まれであり、彼の家の筋向かいに植木枝盛《えもり》（一八五七―九二。自由民権論者。板垣退助や明六社の影響を受け自由民権運動に加わる）の生家があるではないか。

わたしは、驚いてネットで調べたら、もう、ここに書く意味がないほど高知には先人が多かった。

中江兆民は、『米欧回覧実記』のおり、岩倉具視の一行について、諸外国を回っている。明治の人はみんな大したものだと思った。

その兆民が咽喉ガンになり、それを診た堀内医師が、二、三分して、いいにくそうにいった余命は一年半だった。ために、この書を、題して『一年有半』としたとある。

切迫したこの本の始めに、「玉造、紋十郎は人形において、津太夫、越路太夫は浄瑠璃において、広助、吉兵衛は三弦《さみせん》（越路太夫の相三味線）において」、その腕はまさに神技だ、と。命のことより、むしろ関わりの無い文楽のことを書いて余裕がある。

（以下の抜粋では、むつかしい字や、ワープロに入っていない文字はひらがなにし、文語体は、読みやすくしてはあるが、改変はない。）

児は生まれた瞬間から、おもむろに死につつあるのだ。その最長期の七十八十に向かい、進み片時も休むところがないのだから、これは、おもむろに死につつあるというべし。

墓地は、日ごとに広がり、歳月がたてば旧の墓を新に代えるということはあっても、大勢からみれば、増えても減ることはない。

余は、法案を設けて一切火葬とし、各人がもっていった骨と灰を、一箇所にあつめ、毎月、日をきめて海中に投棄させたいと思う。

各人が祭祀をしたいならば、遺骨を家に置き、故人の写真とか、油絵などを飾って、悲しみの誠をつくせば、孝子、貞女の情を尽くすことができるのではないか。

どうして、必ず墓を作るのか、もし国家に大功労のあった人のような場合、別に碑をたてて表彰するのもいいが、器量の小さな人に一々碑に銘するようなことは笑うほどのことなのだ。

紅葉は百錘《すい》千錬《れん》、玲瓏明瑩《れいろうめいほう》、十二分に透徹せずんば休《や》まざるのおもむきあり。逍遥は極めて自然に近し、その縦横揮洒《きさい》、一に東坡《とうば》のいわゆる行くべき所に行き、止《とど》まる所に止まるに似たり。もしそれ鷗外は温醇にして絶えて鋒《ほう》を露わさざる、けだしその人あるいはかくの如きか。

故福沢先生、福地桜痴《おうち》、朝比奈碌堂《ろくどう》、徳富蘇峰、陸羯南《くがかつなん》、これその最なる者、福沢文天下《ふくざわぶん》これより、飾らざる莫《な》く……

余近代において非凡人を精選して、三十一人を得たり。曰く藤田東湖、猫八、紅勘《べにかん》、阪本《ママ》竜馬、柳橋（のちに柳桜）、竹本春太夫、橋本左内、豊沢団平、大久保利通、杵屋六翁、北里柴三郎、桃川如燕《じょえん》、陣幕久五郎、梅ケ谷藤太郎、勝安房《かつあわ》、円朝、伯円、西郷隆盛、（以下略）

そんなにお書きなさると一倍病気に触りましょう、お苦しいでしょうと言われるが、書かなくても苦しさは同じだ。（中略）大抵は半夜に書くということだった。（中略）九月十三日から初めてわずかに十日ばかりで、二十二、三日には早完結を告げていた。

（中略）

それ千万の瓦礫よりも一粒の金剛石で、たとい長月日を費さずとも、大部でなくとも、先生の哲学の神髄骨子は、正にこの書によって伝えらるるであろう。

（この文は幸徳秋水による「引（はしがき）」）

中江兆民は『一年有半』をかいても、亡くならなかった。実際には、一九〇一年四月に宣告を受け、この年の九月に『一年有半』を出版し、十月には続編を出版。この年の十二月十三日に亡くなった。

躯殻《くかく》は本体である。精神はこれが働き、即ち作用である。躯殻が死すれば精魂は即時に滅ぶるのである。それは人類のために如何にも情けなき説ではないか、情けなくても真理ならば仕方がないではないか。

（中略）

躯殻より独立して、いわゆる精神なるものがあって、あたかも人形遣いが、人形を操るがごとく、これが主宰となって、躯殻一日解離しても、すなわち身死してもこの精神は別に存するとすれば、躯殻中にいる間は、いずれの部位に坐を占めつつあるか、……

未来の世界において、完粋整備なる裁判のあるありて（閻魔…最後の審判…安野）、善の大小、悪の軽重に従うて、それぞれ賞罰して、寸分も権衡《けんこう》をあやまらず、（中略）それには精魂の不朽不滅が必要である（などと云う）。ああこの言や非道理非哲理の極、意義ますます紛糾し錯雑し、あたかも古昔の迷室……

見よ、社会の現状はこの輩の寝言に管せず。人類中のことは人類中で料理して、古昔に比すれば悪人は多くは罰をまぬかれず、善人は世の称賛を得て、すなわち社会の制裁は漸次に力を得つつあるのではないか。（中略）何ぞ必ずしも未来の裁判を想像し、神を想像し、霊魂の不滅を想像するの必要はないのである。宗教及び宗教に魅せられたる哲学の寝言を打破しなければ、真の人道は進められぬのだ。

疾病《しっぺい》あるにあたって、医師に頼り適当の治を施すことはしないで、みだりに禱祠祈誓して自ら得たりとし、ついに癒やすべからざるに至るものが往々あるのである。また一日一刻をあらそう商工事業に関して、行旅しようとする者が、これら神祠《しんし》の告示によって、にわかに逡巡し延期して、期を逸し了わるものも往々あるのである。

尻馬＊ロシヤ皇室にとけこんだラスプーチンがそうだった。よその国のことではない、今の日本でも外部の、異常に信頼している祈禱師などに人事の相談をする人があるという。

たとえば各種器物であるとか、更には

また極めて縝密《しんみつ》の機械を具えている時辰儀《じしんぎ》等であった時には、誰かこの物を作った者があるだろうといふことは不言の間に明瞭である。（中略）しかるにこの世界の万有は如何、その巧妙なること人造の器物時辰儀の比すべきところでない。それ鳥は空中を飛行する、故に羽《う》翮《かく》がある。それ魚は深淵に潜む、故に尾ひれがある。（中略）蚊の足の細いのも神経筋肉細胞より成立して、而して細胞中にまた核を具えている。更に人体に至りてその精緻はまた他の獣魚の比でない。肺の呼吸における、胃腸の消化における、脾《ひ》の血球における……（中略）天体に至っては、日月星辰の大物が空中に旋転回転して、各々その軌道を守って寸毫もたがわない、（中略）この精微の極、広大の極、微少の極み、（中略）世界万物人獣虫魚の属が、造主なくして自然に湧き出したとは受け取れぬ議論である……、

（中略）

なるほど時辰儀は人巧《じんこう》に成れるに違いない。しかしこれが財料たる金属宝石の類は、元より存在していたものである。すなわち時辰儀工はこれら材料をあつめて、時辰儀と号する一箇の形を与えたるにすぎないのである。文字の真の意味での造《ぞう》ではない。

神の造物の業におけるのはこれと異なる。従前あったところの材料を集めて、世界万彙《ばんい》を製出したのではなく、全く無よりして有、即ち真空の中にこの森然たる世界万彙を造ったものので、それかとすれば、また物は造らねば自然にはできぬというて、無よりして有なると、

有のうちでただ場所を換ゆるのとを混同している。
余はくりかえしていう。この広大無辺の世界、この森然たる万物が、一個の勢力によりて一々に造り出されたといふよりは、従前他の形体を有せしものが自然に化醇《かじゅん》して、この万彙に変じ来たってすなわち自然に出来たといふこそ、更に数層哲学的である。完全なる判断力を有するものは、この二説の間に、決して躊躇せぬであろうと思われる。

このあたりまでが、前編。気が付いてみたら、まだ死なないので続きを書いた。

世界は無始無終である、すなわち悠久の大有《たいゆう》である、また無辺無極である、すなわち博広《はっこう》しの大有である。而してその本質は若干数の元素であって、この元素は永久遊離し、抱合し、解散し、また遊離し、抱合し、解散し、かくの如くして一毫《いちごう》も減ずるなく増すなく、すなわち不生不滅である。草木人獣みなこれ物の抱合に生じ、解散に死するのである。

そもそも炭は小塊のあつまりに過ぎないが、これより発する焔はあるいは天を焦がすに至る、薪は山木の断片に過ぎないが、これより生ずる火はあるいは一都を焼尽するに至る、精神の軀体におけるもまたかくの如くである。

幼童が怒りて他の童を打つとか、両親の命にそむきて何か曲事をなすとか、いずれ絵に写されるべき、形を図せられるべき、具体的の行事よりして、正不正の意象が源頭して来るのである。観劇の際、由良之助の城渡しをみて具体的に義の意象を生じ、斧九太夫《おのきゅうだゆう》を見て具体的に不義の意象を生じ、小野の小町が美の意象のモデールとなり、かさねの顔が醜の意象のモデールとなるなど……

記性の強弱は、ある点までは吾人人類賢愚《けんぐ》の別をなす財料の重なるものとなっている。彼白痴者病狂者は多くは記性の完全ならざる徴候を現している。ハックスレー、リットレーの属がその記性中に蓄蔵した意象の数は、およそいくばく千万億であったろう。

いろいろと書いたが、きちんとした哲学的論文ではない。順序はでまかせといってもいい。ただ大体趣旨とするところは、神の有無、霊魂の滅不滅、世界の有限無限、及び始終ありやなきや、その他無形の意象など、古来学者の聚訟《しゅうしょう》する五、七件を把て意見をのべたにすぎない。他日幸いにその人を得てこの間より一のナカエニズムを組織することがあるならば、著者に取って本懐の至りである。

以上は、極めて恣意的な抜粋である。キリストは云々という箇所があるが、さすがにそこは引用できなかった。しかし、兆民は哲学の徒である、正しいと信じるところは歯に衣をきせずにかいてある。

以上は参考に引用しただけで、ダイジェストではない。是非、本物を読んでいただきたい。専門家に、もっとやさしい字に直してもらいたい。

腎臓結石などの石は鉱物学的にみて何なのか

森鷗外『椋鳥通信』

鷗外の『椋鳥通信』はわたしの枕頭の書である。以下は、岩波書店の旧版『鷗外全集』〈著作編 第十七巻〉の「椋鳥通信より」だが、ここで、実際には、岩波文庫で、上中下三巻として池内紀が編成したものをもとにした。「椋鳥通信より」（『鷗外全集』）は無論すぐれているが、いまごろ『椋鳥通信』を文庫にするのは遅すぎるのである。この『椋鳥通信』にも僭越ながら「尻馬」という蛇足をつけた。

アヴィニョンで九十三歳のアンリ・ファーブルが重病に臥している。

尻馬＊彼は六十四歳の時、たしか二十三歳の女の人と再婚した。それを知ったとき私は六十四歳だった。

アンリ・ファーブル
本当はカンシャク持ち
六十四のとき再婚した

フィンセント・ファン・ゴッホが同胞テオに与えた手紙をテオの妻であったゴッホ・ボンゲルが公にする。（一九一四年。これが後のゴッホの手紙）

尻馬＊これが大評判となり、ゴッホの絵の価値まで高めたといっていい。

パリでギロチンのおもちゃが流行する。政治家の似顔の人形を作って首を斬らせるのである。似顔を注文してこしらえさせることもできる。

尻馬＊シチリアのおもちゃ屋で首切り人形を売っていた。店主のいうに、これで北の野郎の首をちょん切るのだと、いきまいていた。そのころ北イタリアのいうには、南イタリアの貧困が重荷だという記事が新聞種になっていた。

シベリア鉄道にクラスノヤルスクという停車場がある。そこに列車が留まっていて、それに冷房装置をしてある一室がある。停車場の小使いミハイル・スタリッキーがその室を掃除しに入っていると、汽車が出た。列車は三〇キロメートルほど行って止まった。小使いは死んでいた。室の床に、寒くてたまらないから、俺は死ぬだろうと書いてあった。実は冷却装置は運転していなかった。室内の温度は摂氏十一度であった。気のせいで寒かったのだろう。そして死んだのだろうということになった。

尻馬＊ある炭鉱で、エレベーターの坑道の底を掘っていたら、エレベーターがゆっくりと下りてきた、その下で掘っていた人は、驚いてエレベーターを必死で支え、力を使い果たして遂に死んだ。しかしエレベーターは止まっていてそれ以上は下りてはこなかったのだ、という話を聞いたことがある。

ベルリンで十七歳くらいのスリが、胡椒を目つぶしに打って、女の持っている信玄袋をひったくろうとして、しくじった。胡椒が目に入らなかったのである。

尻馬＊戦後すぐのころ、わたしの姉が、アメリカの大瓶入り胡椒を手に入れたのに、激減し

虎と戦って勝った男

ていることをいぶかっていたが、すでに床につきがちになった義兄（姉婿）の枕元に薬包らしく包んだ胡椒がたくさんおいてあるので、何にするのかときいたら「万一泥棒が来たら、この目つぶしをなげるのだ」という。「風の向きが違ったらどうする」と口答えをしたという。

ル・アーブルの某家の女中は親類が米国で死んで数百万円の遺産をもらうことになった。（このしらせの）電報を読んで即死した。

尻馬＊あやかりたい。わたしは死なない。

インドで鉄道の傍の小屋に寝ていた工夫の処へ虎が入ってきた。目が醒めてみればもう逃げる暇がない。そこで格闘になって、とうとう両手で吭を押さえてしめ殺した。インドでは虎を一匹取れば極まった賞金がもらえるのだが、この男にはそれに百ルピイを加えて賞与した。

以下、安野の尻馬

わたしは一つ珠の算盤を提案した。一の次が二、二の次が四、四の次が八という具合に二倍、二倍と増えていく。これは一つ珠の算盤で計算するとわかりいい。麻雀をやる人はすぐにわかる、といった。その後、島根県の雲州算盤の産地を知り、実物を注文して作り、ひとつ一万円くらいの高いものだったが、きれいな工芸品として同じ趣味の人に売れた。

これは、二進数を説明するのに、とても便利であるため、NHKが数学の勉強をするとき使っていた。「いいアイデアだとおもってパクリました」といった。

わたしが真似をしたようにみえると嫌だな、と思っていたら、後日、なんと遠山啓のベストセラー『数学入門』（上下二巻、岩波新書）に載っていたので驚いた。あの本はわたしも読んだことがあるので、忘れたことだが、わたしが真似をしたことになる。

遠山啓は一九〇九年朝鮮の仁川に生まれ、郷里の熊本県に帰る。帰った先は益城《ましき》で、今熊本の大地震の活断層の目のところにあたる。

東京帝国大学理学部数学科に一旦入学した後で、一説によると教授と見解が違うところから東大を辞める。その後、「千人万人を納得させられる数学で身を立てて行こう」と再度認識し、東北帝国大学理学部の数学科に再入学し、一九三八年に卒業。このとき二十八歳だった。

「遠山啓——西日のあたる教場の記憶」(吉本隆明。初出『海』)によると、戦後まもない時期に吉本隆明が受けた遠山啓の講義は、「量子論の数学的基礎」というものだった。その内容は「量子化された物質粒子の挙動を描写するために必要な数学的な背景と概念をはっきり与えようとするもの」だったとのこと。「そしてむさぼるように講義を聴きつづけた。敗戦にうちのめされた怠惰で虚無的な学生のわたしが、一度も欠かさずに最後まで聴講したたったひとつの講義であった」。


『安野光雅の異端審問』(朝日新聞社)

この本は、森啓次郎という有能な記者と、吉田忠正と佐藤斎という有能な「調べ魔」とによって取材・編集されたと「あとがき」にある。

森は古い友だちで、学生時代に『ローマの休日』をみて、卒業したら新聞記者になろうと、固く決意した。めでたく希望はかなったが、彼は、グレゴリー・ペックにはなれなかったし、ヘップバーンに会うことすらできなかった。このことは、「あとがき」には書いてない。

わたしの六三問の珍問愚問にくいさがって調べた彼らだけれど、「下剤と下痢止めを一緒に飲む」とどうなるかというような課題は、他人にやってもらうことは法的にできないことを、そのときに知った。自分でやるのなら止める理由はないという。つまり佐藤斎が自ら犠牲になった。おなじころに、倅が「ウナギと梅干しの食べ合わせはよくない」という言い伝えを、自主的に実験したときは、ちょっとだけ、他人ごとではなかった。

珍問愚問を出すことを、わたしは書名の上からは、異端審問官になぞらえた。対するに、彼らは調査官だった。

日本歯科医師会の会長に「虫歯はありませんか」というような失礼なことを伺いにいけるのは、異端審問官の手先以外にはなかっただろうと思うが、会長は、呵々大笑して「虫歯はあった」ことを述べられたのである。

ところで、ネットのウィキペディアで調べたところ、ほんものの異端審問官の中心人物のひとりは、スペインのトマス・デ・トルケマダ修道士である。彼は初代異端審問所長官で、在職一八年間に約八千人を焚刑に処したと伝えられている。

トマス・デ・トルケマダはカスティーリャ地方のバリャドリッドで生まれる。一四二〇年～一四九八年で実在した。

いちばん
いちばん
いやなやつ
異端審問官の
ドースルットモできない アホ

その顔つきからみて思った。審問の仕方も、矛盾にみちている。拷問にかけ、「これほどの拷問に耐えられるのは魔女以外にはない、だから魔女だ」というのである。この論理のままだと一度魔女といわれただけで、もう助かる道はない。

「この人は魔女だ」と訴えでるだけで、訴える人は、殺人の肩代わりをしてもらったこともあっただろう。中には肉親を訴えた者もいたというが、肉親がいえば信憑性がある。そして訴えたものは魔女であることをまぬかれる。異端審問官こそ、なんという妄信者であったことか。

地球が動いているといっただけで裁判にかけられたガリレオについては、ローマ法王が謝った。しかし、魔女だときめつけてたくさんの乙女を殺した異端審問については謝ったという話をきかない。わたしの感じ方では、むしろこのほうを、謝ってもらいたいくらいである。

わたしたちの『異端審問』の珍問は、たとえば、
・腎臓結石の石は、鉱物学的にみて何なのか。
・終身犯が寝たきり老人になったらどうなるのか。
・デパートが道をはさんで二棟に分かれている場合、ブリッジをかけているが、個人の家同士でもできるか。
・養豚場の近くに、それを承知で引っ越してきた新住民に、くさいなどとブーブーいう権利があるか。（この審問の文章の中にブーブーとあるが　これは、わたしの言葉ではなく、森啓次郎の用語である）

ざっといって、このような問題が六三問並んでいる。回答は自分で考えてもらってもいいが、調査にあたった彼らの労を尊ぶために、ひまなときに読んでみてもらいたい。
一例として
・タヌキのきんたまは何畳敷きか
という審問について引用したい。

俗に「狸《たぬき》のきんたま八畳敷き」といわれるが、事実は大きな開きがあった。厳密なる調査の結果、○・○○○二畳敷きであることが判明した。

さて、ここでいう「きんたま」とは、二個の睾丸を包んでいる陰嚢のことを指していると考えていいだろう。

宮崎医科大学の土屋公幸助教授（当時）はいう。

「形も大きさも、ちょうど人間の大人の小指の先っぽ（一番先の関節より先）のようなものですよ。実際に測ってみたところ、個体差や年齢差はあっても、長くてせいぜい二〜三センチ、面積にして二〜三平方センチくらい。もちろん繁殖期に少しは大きくなりますが、人間のようにブラブラしてはいません。だいいちブラブラしていたら敵にかみつかれて一巻の終わりです。野生動物はみんなそうです」

タヌキの名誉を重んじ、大きいほうの三平方センチの面積をとって畳の単位に直すと、○・○○○二畳敷きとなった。

ところで、数ある動物の中から、なぜタヌキが選ばれ、八畳敷きなどと途方もない数字がうまれたのか。

横浜市金沢自然公園の堀浩・分園長は、その疑問に答えてくれた。

「タヌキの睾丸くらいの大きさの金を、たたいて延ばし金箔《きんぱく》にすると、ちょうど八畳敷きくらいに延びるんだそうです。文字通り〝金の玉〟の連想から来た言葉です」

江戸時代に出された百科事典『和漢三才図会』にも「陰嚢《フグリ》垂涎スコト広二大於身ヨリ一也。狸皮可レシ為レル鞴《フイゴ》」とある。

タヌキは見るからにズングリで、ぶきっちょそうなのに対して、キツネはスマートで顔がきれい、そのうえ俊敏なイメージ。どちらも人里に雑食をあさりに現れ、人間にとって身近な動物だったのに、この差である。

「キツネは女性に化けるが、タヌキは三ツ目小僧とか、唐傘がいいところ、どうしても間の抜けた男のイメージをぬぐいきれない。そこで、せめてきんたまだけでも大きめにしてやろう。ついでに通い帳と徳利をぶらさげさせた。男のささやかな夢が表現されているわけです」（堀さん）

審問したわたしも、金箔には気がつかなかった。

私の魂をこのもろい肉体からもぎ取りに来てください

『宝石の声なる人に　プリヤンバダ・デーヴィーと岡倉覚三＊愛の手紙』

あなたの思想のなかで私は生き、あなたの思想によって私は死ぬ——ちょうど、太陽の光線でやしなわれた月が、夜の間を生き、夜明けにその輝きによって死ぬように。

一九一三年四月二三日作　五月一三日

すべての想いは飛びたち、あなたを探した。張りつめた弓から放たれた矢のように。ああ、それらはもう決してもどってはこない。私のからっぽの震えを満たすことはない。

一九一三年五月一日作　五月二八日

インド　カルカッタ　パリガンジュ

ジャウターラ通り四六

これは、「宝石の声なる人」プリヤンバダ・デーヴィーから、岡倉天心（覚三）へあてた、恋文のほんの一部分である。
わたしはこんなに美しい恋文があろうとは思わなかった。
平凡社から出ていて、大岡信、大岡玲の共訳になっている。

この三週間というもの、私は地下牢の中で息しているような気分で、この恐ろしい気分からのがれるためにあらゆる努力をしましたが、いたる所に傷を負っただけでした。暗闇の中では、あたりを手探りしても、ただ物にぶつかるだけでしたから。この暗闇の実体を、私はまるで知らなかったのです、私たちはほんとに無力なんですもの。私たちはもっと他人に慈悲深くありたい。そして、私たち自身の弱さからさえ、他人に対する忍耐力をかき集めたいと思います。これからの私の人生は、非常な精神力が必要になるでしょう。（中略）ときには生きていけそうになくなるかも知れません。けれども本当はそうでないことを信じています――人生そのものよりも、もっといとしいものによって苦しめられることは、至上のよろこびですもの。

七月二十七日付けのプリヤンバダ書簡のほんの一部である。これが現存する限りでの（つまり岡倉が読んだかぎりでの）、最後のものだった。

プリヨンバダ・デービーは、母、プロションノモイ・デービーの一人娘として生まれた。母プロションノモイは一八八〇年代のベンガルの代表的詩人であった。

岡倉覚三が、このベンガルの薄倖の詩人にはじめて出会ったのは、一九一二年九月一六日、チョウドウリ家の夕食の席である。二人の往復書簡にはこの出会いへのそれぞれの立場からする回想が、思いをこめて語られているが、両者に共通して印象的なことは、情熱的な回想の中にも常にある種の哀愁が漂い、孤愁が尾を引いていることである。

（臼田雅之「プリヨンバダ・デービーのこと」）

プリヨンバダ・デービーはカルカッタのジャトラ通り一六番地の自宅で没した。享年六十三歳。ファルダン月（二月中旬〜三月中旬）の月初めであった。翌チョイットロ月、ほぼすべてのベンガル語月刊誌が何らかの形で彼女の追悼記事を掲載した。

（臼田雅之より）

岡倉覚三については、多くを語る必要はないだろうが、生前に自著としてだしたものに『東洋の理想』がある。大岡信になぜ日本語で書かなかったのだろうかと訊いたら、英文が谺《こだま》として日本に跳ね返ってくるのを待つしかなかった、という事情があったかもしれないという。

さらに訊いたのはプリヤンバダ・デーヴィーとの間は完全にプラトニックラブであった。そうでないと仮定しようにも時間的に無理があるといった。

一九一〇年九月から翌一一年八月までのほぼ一年間のボストン時代には、彼はハーヴァード大学からマスター・オブ・アーツの学位を授けられた。

「東洋芸術の秘義に通ずることにおいて、比類無き達人であり、西方の与えるものを受容するにふさわしい寛やかなこころをもち、しかも日本固有の精神を無上の遺産としてゆるぎなく保持する岡倉覚三君」

というのが、その授与式で同大学総長が岡倉によびかけた推輓の辞だった。

（清見陸郎『天心岡倉覚三』筑摩書房より）

プリヤンバダ・デーヴィーの最後の手紙『宝石の声なる人に』。全編を通じて、わたしが読んだのは、大岡信と玲の訳である。

あなたはとうとう自由の身になった。私の魂をこのもろい肉体からもぎ取りに来てください——わが魂はあなたを待っています、恋しい人よ、遅れないで。

一九一三年九月七日

あなたはほんとに私の夢だった。夢が砕け散った今、生は、なんと、悪夢に変った。

一九一三年九月八日

あなたの存在が無限そのものよりさらに大きく浮かび出る。あなたの魂の息吹きが、周囲の空気の中に充満する。私は見る。私は感じる。でも、私は生きていない。

一九一三年九月一〇日

運命の神は、何と意地悪なのでしょう

リルケ『ポルトガル文』水野忠敏訳

わたしはこの『ポルトガル文』を、水野忠敏訳（角川書店）で読んだ。ほかに佐藤春夫のものがあり、世にはむしろこのほうが知られているらしい。リルケが訳したことでも知られている。ポルトガルの尼僧マリアンナ・アルコフォラードからフランスのブルゴーニュの名家出身のニコラス・プゥトン・シャミリイ・シランジュールという軍人に宛てた五通の恋文を編んだ。読みやすく、身につまされる手紙集である。

これはフィクションではなく、真実の手紙であり、心中の壮絶な悩みを吐露したものである。

シャミリイがルイ十四世からの突然の帰国命令によって、マリアンナの許から去る、当人にとっては事件に似たできごとから第一信がはじまっている。この手紙を読んだ限りでは、シャミリイの誠意は感じられない。（男とはそういうものである。といわれるなら、わたしもまた同罪である。何

事も時が解決するのだから、願わくばマリアンナにも早く安静の時がきて、人生とはそういうものだったかと、思い返す時があることを願うほかない。)

『宝石の声なる人に』(平凡社)とならべて読んでもらいたい。

リルケの手が入って世に出たことはわかるが、この手紙はわたしの知る限りではマリアンナの手からは離れ、シャミリイの許にあるはずである。シャミリイは、これらの手紙を大切にとっておいたのだろうか。書いた本人にとってかならずしも名誉ではない手紙が(ことに尼僧だからなおのこと)公開されることは問題ではあるまいか。

と、おもしろく読んだくせに、遠くの火事を見ているような読書癖をわれながら反省するが、この手紙の中身は文学として読むことはできる。

佐藤春夫の本は、知っているし見たこともあるが、研究しているわけではないので、読んだことはない。佐藤春夫の場合は、この本の英訳本を芥川龍之介から借りて邦訳、出版した。日本での最初の紹介になる、ということである。

さてもシャミリイは無情にポルトガルを去っていった。以下は、手紙の一部分である。

「第二の手紙」から

二三日すると、なにもかも忘れて、わたしのすべてをあなたに捧げてから、満一年になりま

す。おこころに触れて、わたしはあなたを情の深い、誠実なかたとばかり考えていました。わたしが何でも言いなりになるのが、かえってあなたを反発させることになるなど、どうして、わたしに想像できましたでしょうか。

「第四の手紙」から

あなたの下心が誘惑であったにもせよ、あなたにお逢いできたことを喜んでおります。おそらくは、永遠に再会のない生き別れなのに、あなたは冷酷なお旅立ちをなさいましたこと。しかし、そのために、わたしの愛情が冷えることはありません。

「第五の手紙——別れの手紙」から

あなたに是が非でも知っておいていただきたいことは、ひとつは、今にして、あなたは熱い思いを捧げるだけの値打ちのない人であることに、わたしが気がついたこと、もうひとつは、わたしはあなたの卑劣なあさましい面まですっかり知ってしまった、この二つのことです。

永続きのしない男女の契りが、どんなにたわいのない、苦いものであるかは、あなたにかかって、いやというほど、思い知らされました。それから、激しい恋愛も、思い思われることのない片恋では、どんなに不幸なものかということも。わたしたち女性につきまとって離れない運命の神は、何て目の見えない、何て意地悪な神様なんでしょう。

あなたが修道院に一歩でもはいっていらっしゃると、あなたが怖くて、からだが震えてきました。それですのに、兵営にお帰りになると、わたしは何も手につかぬのです。

鷗外訳の『即興詩人』で尼僧というのはどういうものか、おおよそ知っていたが、何とも厳粛な戒律の下に、暮らすものらしい。

尼僧物語は
オードリーヘプバーン
黒水仙は
デボラカー
尼僧は気高い

わたしには、理解のできない、考えることもできない世界のことと思ってきたが、森本哲郎が、聖パウロ女子修道会の出している本に聖書の話を連載するので、わたしが絵を描くことになり、無関係ではなくなった。

相手の方とまずお目にかからねばならない。そのころ新宿に「滝沢」という有名な喫茶店があって、場所はわたしがよくいっていたそこに決めた。実際にはどうか、平服ではなく例のユニフォームを着用された女子修道僧が来られたのである。

つぎに、乃木坂の修道院にいったこともある。そこでは金の茶碗と金の箸の給食をいただいた。人生経験だった。もし、やせたいと思っている人は、修道院へ一時宿泊するといい。修道院もそういう営業をしてみてはいか

がかと思う。

『尼僧物語』という映画があった。これはオードリィ・ヘップバーンの出てくる映画で、去る世界大戦のおりを思うといい。敵味方の双方に修道尼がいる。彼女たちは殺人をともなう戦争の終結をねがって、めいめいの教会に祈る。終結というより、早期解決、早く言うと、戦捷を祈ることになる。


神はひとつだから、どちらを勝たせればいいかわからないだろう。ヘップバーンと他数人はこの矛盾に気付き、尼僧をやめて、戦争の渦中に入っていく。

『尼僧物語』のように、いちど尼僧になっても、戒律は戒律として、自分の意思でやめることができるのである。これは当然のことだが、わたしは漠然と無理かなと思っていた。

『ポルトガル文』は、尼僧をまず辞めればいいのにと思ったが、それよりも帰ったきり音沙汰のないフランス将校には義憤を感じるが、ちょっとひいて考えると、「よくある話」なのではある。

「恋人には尼僧が有利」と手紙の中にあるが、尼僧は独身だから、不倫といわれる心配はない。生涯独身を誓ったとはいえ、理由は（失恋など）一時の迷いで、やがて平静になるときがくる。


フランスのシャミリイは、行方がわからない。しかし、リルケが手を入れたという、激烈な手紙だけは残っている。

この球こそこの遊戯の中心にして球の行く処すなわち遊戯の中心なり

正岡子規『ベースボール』

正岡子規は「仰臥漫録」「墨汁一滴」などのほか、すぐれたエッセイが多く、特に「歌よみに与ふる書」などは、派閥の下りなどに顧みるところが多い。中でも説明文としてみたとき、「ベースボール」の右に出るものはないと前から思っていた。

わたしは野球をしらない。

昔小学校の教師をやっていたころ、三鷹の第一小学校の先生たちと試合をすることになった。生徒たちは大挙して応援に来た。相手は服装まで揃った野球のユニフォームで、こちらはふだんの体操服だった。しかしわたしに打順が回ってきたとき、打ったらあたった。いま思うと、ソフトボールの試合だったかもしれない。一塁に進んだわたしは、次に二塁に滑り込むことになろう、と思っていた。そしてわたしは見事に、二塁に進んだ。しかし審判がわたしのことをアウトだという。心外であった。知らぬものを。

味方の子ども応援席からは、激烈な怒号が飛んできた。何かのまちがいだった。怒号は「ばかー、陣取りやってんじゃねえぞー」というのだった。わたしを非難していることがやっとわかった。二塁にはわたしの味方が、まだ一人いたのである。

正岡子規「ベースボール」

○ベースボールに至りてはこれを行う者極めて少くこれを知る人の区域も甚《はなは》だ狭《せま》かりしが近時第一高等学校と在横浜米人との間に仕合《マッチ》ありしより以来ベースボールという語ははしなく世人の耳に入りたり。されどもベースボールの何たるやはほとんどこれを知る人なかるべし。ベースボールはもと亜米利加《アメリカ》合衆国の国技とも称すべきものにしてその遊技の国民一般に賞翫《しょうがん》せらるるはあたかも我邦《わがくに》の相撲《すもう》、西班牙《スペイン》の闘牛《とうぎゅう》などにも類せりとか聞きぬ。（米人のわれに負けたるをくやしがりて幾度《いくど》も仕合を挑《いど》むはほとんど国辱《こくじょく》とも思えばなるべし）この技の我邦に伝わりし来歴は詳《つまびら》かにこれを知らねどもあるいはいう元新橋鉄道局技師（平岡凞《ひらおかひろし》という人か）米国より帰りてこれを新橋鉄道局の職員間に伝えたるを始《はじめ》とすとかや。（明治十四、五年の頃《ころ》にもやあらん）それよりして元東京大学（予備門）へ伝わりしと聞けどいかがや。また同時に工部大学校、駒場《こまば》農学校へも伝わりたりと覚ゆ。東京大学予備門は後の第一高等中学校にして今の第一高等学校なり。明治十八、九年来の記憶《きおく》に拠《よ》れば予備門または高等中学は時々工部大学、駒場農学と仕合いたることあり。また新橋組と工部と仕合いたることもありしか。その後青山英和学校も仕合《マッチ》に出掛《でか》けたることありしかど年代は忘れたり。されば高等学校がベースボールにおける経歴は今日に至るまで十四、五年を費せりといえども（もっとも生徒は常に交代しつつあるなり）ややその完備せるは二十三、四年以後なりとおぼし。これまでは真の遊び半分という有様なりしがこの時よりやや真面目《まじめ》の技術となり技術の上に進歩と整頓《せいとん》とを現せり。少くとも形式の上において整頓し初めたり。すなわち攫者《キャッチャー》が面と小手《こて》（撃剣《げきけん》に用うる面と小手のごとき者）を着けて直球《ジレクトボール》を攫《つか》み投者《ピッチャー》が正投《ピッチ》を学びて今まで九球なりし者を四球（あるいは六球なりしか）に改めたるがごときこれなり。次にその遊技法につきて多少説明する所あるべし。　（七月十九日）

○ベースボールに要するもの　はおよそ千坪ばかりの平坦なる地面（芝生《しばふ》ならばなお善《よ》し）皮にて包みたる小球《ボール》（直径二寸ばかりにして中は護謨《ゴム》、糸の類《たぐい》にて充実《じゅうじつ》したるもの）投者《ピッチャー》が投げたる球を打つべき木の棒《バット》（長さ四尺ばかりにして先の方やや太く手にて持つ処《ところ》やや細きもの）一尺四方ばかりの荒布にて坐蒲団のごとく拵えたる基《ベース》三個本基《ホームベース》および投者《ピッチャー》の位置に置くべき鉄板様の物一個ずつ、攫者《キャッチャー》の後方に張りて球を遮るべき網（高さ一間半、幅《はば》二、三間位）競技者十八人。（九人ずつ敵味方に分るるもの）審判者《アムパイア》一人、幹事一人（勝負を記すもの）等なり。

○ベースボールの競技場　図によりて説明すべし。

直線いほ及びいへ（実際には線なし、あるいは白灰にて引く事あり）は無限に延長せられたるものとし直角ほいへの内は無限大の競技場たるべし。但《ただ》し実際は本基《ホームベース》にて打者《ストライカー》の打ちたる球の達する処すなわち限界となる。いろはには正方形にして十五間四方なり。勝負は小勝負九度を重ねて完結する者にして小勝負一度とは甲《こう》組（九人の味方）が防禦《ぼうぎょ》の地に立つ事と乙《おつ》組（すなわち甲組の敵）が防禦の地に立つ事との二度の半勝負に分かるるなり。防禦の地に立つ時は九人おのおのその専務に従い一、二、三等の位置を取る。但しこの位置は勝負中多少動揺《どうよう》すること

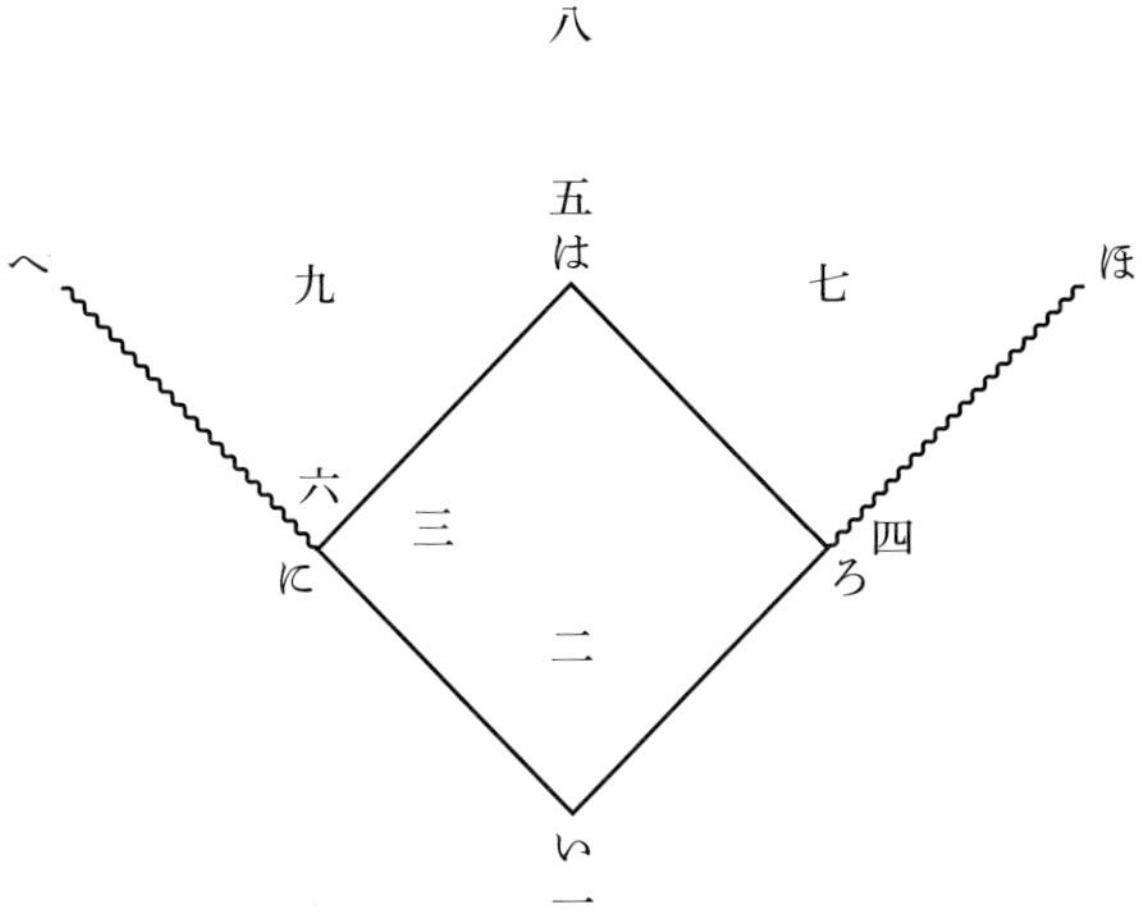

あり。甲組競技場に立つ時は乙組は球を打つ者ら一、二人（四人を越《こ》えず）の外《ほか》はことごとく後方に控《ひか》えおるなり。

（い）本基《ホームベース》
（ろ）第一基《ベース》（基を置く）
（は）第二基（基を置く）
（に）第三基（基を置く）
（一）攫者《キャッチャー》の位置（攫者の後方に網を張る）
（二）投者《ピッチャー》の位置
（三）短遮《ショルトストップ》の位置
（四）第一基人《ベースマン》の位置
（五）第二基人の位置
（六）第三基人の位置
（七）場右《ライトフィルダー》の位置
（八）場中《センターフィルダー》の位置

（九）場左《レフトフィルダー》の位置

○ベースボールの勝負　攻者（防禦者の敵）は一人ずつ本基《ホームベース》（い）より発して各基《ベース》（ろ、は、に）を通過し再び本基に帰るを務めとす、かくして帰りたる者を廻了《ホームイン》という。ベースボールの勝敗は九勝負終りたる後ち、各組廻了の数の総計を比較し多き方を勝とするなり。例えば「八に対する二十三の勝」というは乙組の廻了の数八甲組廻了の数二十三にして甲組の勝なりという意なり。されば競技者の任務を言えば攻者《こうしゃ》の地に立つ時はなるべく廻了の数を多からしめんとし、防者《ぼうしゃ》の地に立つ時はなるべく敵の廻了の数を少からしめんとするにあり。廻了というは正方形を一周することなれどもその間には第一基《ベース》第二基第三基等の関門あり各関門には番人（第一基は第一基人これを守る第二第三皆《みな》しかり）あるをもって容易に通過すること能《あた》わざる也《なり》。走者《ラナー》（通過しつつある者）ある事情のもとに通過の権利を失うを除外《アウト》という。（普通に殺されるという）審判官《アムパイア》除外と呼べば走者（または打者《ストライカー》）は直《ただ》ちに線外に出《い》でて後方の控所《ひかえじょ》に入らざるべからず。除外三人に及べばその半勝負は終るなり。故に攻者は除外三人に及ばざる内に多く廻了《ホームイン》せんとし防者は廻了者を生ぜざる内に三人の除外者を生ぜしめんとす。除外三人に及べば防者代りて攻者となり攻者代りて防者となる。かくのごとくして再び除外三人を生ずればすなわち第一小勝負《インニング》終る。かれ攻めこれ防《せ》ぎおのおの防ぐ事九度、攻むる事九度に及びて全勝負《ゲーム》終る。

○ベースボールの球　ベースボールにはただ一個の球《ボール》あるのみ。しかして球は常に防者の手にあり。この球こそこの遊戯の中心となる者にして球の行く処すなわち遊戯の中心なり。球は常に動く故に遊戯の中心も常に動く。されば防者九人の目は瞬時も球を離るるを許さず。打者走者も球を見ざるべからず。傍観者もまた球に注目せざればついにその要領を得ざるべし。今尋常《じんじょう》の場合を言わば球は投者《ピッチャー》の手にありてただ本基《ホームベース》に向って投ず。本基の側には必らず打者《ストライカー》一人（攻者の一人）棒《バット》を持ちて立つ。投者の球正当の位置に来れりと思惟《しい》する時は（すなわち球は本基の上を通過しかつ高さ肩《かた》より高からず膝《ひざ》より低くからざる時は）打者必ずこれを撃《う》たざるべからず。棒球《ボール》に触《ふ》れて球は直角内に落ちたる時（これを正球《フェアボール》という）打者は棒を捨てて第一基に向い一直線に走る。この時打者は走者《ランナー》となる。打者が走者となれば他の打者は直ちに本基の側に立つ。しかれども打者の打撃《だげき》球に触れざる時は打者は依然《いぜん》として立ち、攫者《キャッチャー》は後（二）にありてその球を止めこれを投者《ピッチャー》に投げ返す。投者は幾度となく本基に向って投ずべし。かくのごとくして一人の打者は三打撃を試むべし。第三打撃の直球《ジレクトボール》（投者の手を離れていまだ土に触れざる球をいう）棒《バット》と触れざる者攫者《キャッチャー》よくこれを攫《かく》し得ば打者は除外《アウト》となるべし。攫者これを攫し能わざれば打者《ストライカー》は走者《ランナー》となるの権利あり。打者の打撃したる球《ボール》空に飛ぶ時（遠近に関せず）その球の地に触れざる前これを攫する時は（何人にても可なり）その打者は除外となる。

（未完）

（七月二十三日）

○ベースボールの球（承前）　場中に一人の走者《ランナー》を生ずる時は球《ボール》の任務は重大となる。もし走者同時に二人三人を生ずる時は更《さら》に任務重大となる。けだし走者の多き時は遊技いよいよ複雑となるにかかわらず球は終始ただ一個あるのみなればなり。今走者と球との関係を明かにせんに走者はただ一人敵陣《てきじん》の中を通過せんとするがごとき者、球は敵の弾丸《だんがん》のごとき者なり。走者は正方形（前回の図を参照すべし）の四辺を一周せんとする者にして一歩もこの線外に出ずるを許さずしかしてこの線上において一たび敵の球に触るれば立どころに討ち死（除外《アウト》）を遂ぐべし。《ここに球に触るるというは防者の一人が手に球を持ちてその手を走者の身体の一部に触るることにして決して球を敵に投げつくることに非ず。もし投げたる球が走者に中《あた》れば死球《デッドボール》といいて敵を殺さぬのみならずかえって防者の損になるべし》されば走者がこの危険の中に身を投じて唯一《ゆいいつ》の塁壁《るいへき》と頼《たの》むべきは第一第二第三の基《ベース》なり。けだし走者の身体の一部この基（坐蒲団《ざぶとん》のごとき者）に触れおる間は敵の球たとい身の上に触るるも決して除外とならず。（この場合において基は鬼事《おにごと》のおかのごとし）故に走者はなるべく球の自己に遠かる時を見て疾走《しっそう》して線を通過すべし。例えば走者第一基にあり、これより第二基に到《いた》らんとするには投者《ピッチャー》が球を取て本基（の打者《ストライカー》）に向って投ずるその瞬間《しゅんかん》を待ち合せ球手を離るると見る時走り出すなり。この時攫者《キャッチャー》はその球を取るやいなや直ちに第二基に向って投ずべく第二基人《ベースマン》はその球を取りて走者に触れんと擬《ぎ》すべし。走者は匆卒《そうそつ》の際にも常に球の運動に注目しかかる時直ちに進んで険を冒《おか》し第二基に入るか退いて第一基に帰るかを決断しこれを実行せざるべからず。第二基より第三基に移る時もまたしかり。第三基より本基《ホームベース》に回る時もまたしかり。但《ただし》第三基は第二基よりも攫者に近く本基は第三基よりも獲者に近きをもって通過せんとするには次第に危険を増すべし。走者《ラナー》二人ある時は先に進みたる走者をまず斃《たお》さんとすること防者が普通の手段なり。走者三人ある時はこれを満基《フルベース》という。（一基に走者一人以上留まることを許さず故に走者は三人をもって最多数とす）満基の時打者が走者となれば今までの走者は是非《ぜひ》とも一基ずつ進まざるべからず。これ最も危険なる最も愉快《ゆかい》なる場合にしてこの時の打者の一撃《いちげき》は実に勝負にも関すべく打者もし好球を撃《う》たば二人の廻了《ホームイン》を生ずることあり、もし悪球を撃たば三人ことごとく立尽《スタンジング》（あるいは立往生という）に終ることさえあるなり。とにかく走者多き時は人は右に走り左に走り球は前に飛び後に飛び局面忽然《こつぜん》変化して観者をしてその要を得ざらしむることあり。球戯《ベースボール》を観る者は球を観るべし。

○ベースボールの防者　防禦の地にある者すなわち遊技場中に立つ者の役目を説明すべし。

攫者《キャッチャー》は常に打者《ストライカー》の後に立ちて投者《ピッチャー》の投げたる球を受け止めるを務めとす。その最も力を尽《つく》す処は打者が第三撃にして撃ち得ざりし時その直球《ジレクトボール》を攫《つか》むと、走者の第二基《ベース》に向って走る時球《ボール》を第二基人《ベースマン》に投ずると、走者《ラナー》の第三基に向って走る時球を第三基人に投ずると、走者の本基《ホームベース》に向って来る時本基に出てこれを喰《く》いとめると等なりとす。投者《ピッチャー》は打者に向って球を投ずるを常務と為《な》す。その正投《ピッチ》の方、外曲《アウトカーブ》、内曲《インカーブ》、墜落《ドロップ》等種々ありけだし打者の眼を欺《あざむ》き悪球を打たしめんとするにあり。この外投者は常に走者に注目し走者基《ベース》を離るること遠き時はその基に向って球を投ずる事等あり。投者攫者二人は場中最枢要《さいすうよう》の地を占《し》むる者にして最も熟練を要する役目とす。短遮《ショルトストップ》は投者と第三基の中ほどにあり、打者の打ちたる球を遮《さえぎ》り止め直ちに第一基に向って投ずるを務《つとめ》とす。この位置は打者の球の多く通過する道筋なるをもって特にこの役を置く者にして短遮の任また重し。第一基は走者を除外《アウト》ならしむるにもっとも適せる地なり。短遮等より投げたる球を攫み得て第一基を踏《ふ》むこと（もしくは身体《からだ》の一部を触《ふ》るること）走者より早くば走者は除外となるなり。けだし走者は本基より第一基に向って走る場合においては単に進むべくしてあえて退くべからざる位置にあるをもって球のその身に触るるを待たずして除外となることかくのごとき者あり。第二基人第三基人の役目は攫者等より投げたる球を攫み走者の身に触れしめんとする者にしてこの間に夾撃《きょうげき》等面白き現象を生ずる事あり。場右《ライトフィルダー》、場中《セントラルフィルダー》、場左《レフトフィルダー》のごとき皆打者の打ちたる飛球《フライボール》を攫み（この時打者は除外となる）またはその球を遮り止めて第一基等に向いこれを投ぐるを役目とす。しかれども球戯《きゅうぎ》は死物にあらず防者にありてはただ敵を除外ならしむるを唯一の目的とするを

もってこれがためには各人皆臨機応変の処置を取るを肝要《かんよう》とす。防者は皆打者の球は常に自己の前に落ち来《きた》る者と覚悟《かくご》せざるべからず。基人《ベースマン》は常に自己に向って球を投げらるる者と覚悟せざるべからず。

○ベースボールの攻者　攻者は打者《ストライカー》と走者《ランナー》の二種あるのみ。打者はなるべく強き球を打つを目的とすべし。球強ければ防者の前を通過するとも遮止《しゃし》せらるることなし。球の高く揚《あが》るは外観美なれども攫まれやすし。走者は身軽にいでたち、敵の手の下をくぐりて基《ベース》に達すること必要なり。危険なる場合には基に達する二間ばかり前より身を倒《たお》して辷《すべ》りこむこともあるべし。この他特別なる場合における規定は一々これを列挙せざるべし。けだし一々これを列挙したりともいたずらに混雑を加うるのみなればなり。

○ベースボールの特色　競漕《きょうそう》競馬競走のごときはその方法甚だ簡単にして勝敗は遅速《ちそく》の二に過ぎず。故に傍観者《ぼうかんしゃ》には興少《すくな》し。球戯はその方法複雑にして変化多きをもって傍観者にも面白く感ぜらる。かつ所作の活溌にして生気あるはこの遊技の特色なり、観者をして覚えず喝采せしむる事多し。但しこの遊びは遊技者に取りても傍観者に取りても多少の危険を免れず。傍観者は攫者《キャッチャー》の左右または後方にあるを好《よ》しとす。

（七月二十七日）

ベースボールいまだかつて訳語あらず、今ここに掲《かか》げたる訳語はわれの創意に係《かか》る。訳語妥当《だとう》ならざるは自らこれを知るといえども匆卒《そうそつ》の際改竄《かいざん》するに由《よし》なし。君子《くんし》幸に正《せい》を賜え。

升《のぼる》　附記

わたしは博士の学位を頂きたくないのであります

『漱石書簡集』三好行雄編

河盛好蔵、特別推薦の『漱石書簡集』（三好行雄編、岩波文庫）を読んだ。実におもしろい。その中の抜粋、他にも胸のすく手紙がたくさんある。

……ただ七、八年前より自炊の竈《かまど》に顔を焦し寄宿舎の米に胃病を起しあるいは下宿屋の二階にて飲食の決闘を試みたり……

子規机下（正岡子規あて）

漱石と子規の往復書簡集が文庫本にある。

君の書に曰く、試みに学校の児童を見よ工商の子多くは上座にあり、（中略）然れどもそ

の学校を出づるや工商の子弟は終に士家の子弟に一籌《いっちゅう》を輸《ゆ》するを常とすと。これは君一家の経験にていふなるか統計などにていふや。（中略）四民の階級を以て人間の尊卑を分たんかの如くに聞ゆ。君何が故かかる貴族的の言語を吐くや。

常規殿（正岡子規あて）

これは、漱石が論理的にものを考えていることを想像させる。

……三重吉君が僕の事をのべつにかいている事だ。（中略）僕のような人間が学生の一人の頭脳をこれほどまでにオキュパイしているとは夢にも考えなかった。（中略）

……またあれだけ僕の事をほめているが少しもお世辞らしい所がない。

芳太郎様（中川芳太郎あて）

……九時頃帰宅、書斎へ這入候処机上に大兄より御書面と猫の絵端書二十七葉とが待ち構へをり候。

何事かと開封致候処思はざる『猫』についての御奨励の御褒辞、読去《よみさり》読来《よみきたり》甚しき愉快を覚候……

魯庵先生坐右（内田魯庵あて）

この魯庵の子息が内田厳で、その子が内田路子でその夫がわたしの畏友堀内誠一でその子が花子、籾子。

『人民新聞』では僕が『猫』をかいて細君と仲がわるくなったとかいたそうだ。ある人は僕が金田夫人に強迫されて迷惑していると話したそうだ。これが十余年前なら真面目に弁解するところだが今日ではそんな気は少しもない。桂月なんて馬鹿だと頭から思ってる。新聞なんて何をかこうと構わないときめている。

森田様（森田草平あて）

『破戒』読了。明治の小説として後世に伝ふべき名篇也。

（森田草平あて）

藤村は詩ばかり作っていると思われていたが、この「破戒」を書いた。わたしは、必読だと思って読んだ。

昔はコンナ事を考えた時期があります。正しい人が汚名をきて罪に処せられるほど悲惨な事はあるまいと。今の考は全く別であります。どうかそんな人になって見たい。世界総体を相手にしてハリツケにでもなってハリツケの上から下を見てこの馬鹿野郎と心のうちで軽蔑して死んで見たい。

虚子大人（高浜虚子あて）

……いやしくも文学を以て生命とするものならば単に美というだけでは満足が出来ない。丁度維新の当士勤王家が困苦をなめたような了見にならなくては駄目だろうと思う。間違ったら神経衰弱でも気違でも入牢でも何でもする了見でなくては文学者になれまいと思う。

鈴木三重吉様（鈴木三重吉あて）

朝日入社の条件（坂元雪鳥あて）

これはかなりおもしろいが、長いのでこの本をよんでもらいたい。おもしろい。

君なぞが海外から何か書いてくれれば甚だ光彩を添える訳だが、僕は手紙を出さない不義理があるからズウズウしい御頼みも出来かねる。

寅彦様（寺田寅彦あて）

まま誤謬誤解等あるもこれまた文壇一時の即興景気づけ位の所と思へばそれまでに候。のみならず到底歴史逸話伝記類に徹頭徹尾本当のものは無之《これなき》事を深く感じをり候昨今には、間違がかへつて面白く候。

秋骨先生（戸田秋骨あて）

拝啓。昨二十日夜十時頃私留守宅へ（私は目下表記の処へ入院中）本日午前十時学位を授与するから出頭しろという御通知が参ったそうであります。留守宅のものは今朝電話で主人は病気で出頭しかねる旨を御答えして置いたと申して参りました。

学位授与と申すと二、三日前の新聞で承知した通り博士会で小生を博士に推薦されたについて、右博士の称号を小生に授与になる事かと存じます。然るところ小生は今日までただの夏目なにがしとして世を渡って参りましたし、これから先もやはりただの夏目なにがしで暮したい希望を持っております。従って私は博士の学位を頂きたくないのであります。この際御迷惑を掛けたり御面倒を願ったりするのは不本意でありますが、右の次第故《ゆえ》学位授与の儀は御辞退致したいと思います。宜しく御取計を願います。敬具。

専門学務局長福原鐐二郎殿（福原鐐二郎あて）

あなたは身体のしっかりするまで傍へ寄らない方がいい。チフスだから感染するといけない。

八重子様（野上弥生子あて）

漱石門下の野上豊一郎と結婚した野上弥生子宛の手紙。漱石の思い出を書いた岩波文庫がある。

今書名を忘れたが、その中で、わたしが一番優れていると感じた素晴らしい文章だ、と思ったのが野上弥生子のものだった。

私は大変好きです。ことに病後だからまたいわゆる小説という悪どいものに食傷しているところだから甚だ心持ちの好い感じがしました。

中勘助様（中勘助あて）

これは、『銀の匙』のこと。噂だが、いま文庫本で一番よく売れている本といわれている。

死ぬのは後から来る人の為に場所を空けておくことだ

モーム『人間の絆』

中野好夫のものの中でもモームの『人間の絆』の訳が好きである（いまでは、岩波書店から行方昭夫の訳が出ている。ついでにいうと同じ人の訳したモームの『サミング・アップ』は目下枕頭の書である）。

中野の訳した『モーム短篇集』にしおりを挟みながら読んでいると、たちまちしおりがいっぱいになって、何のためのしおりかわからないほどになった。

中野が書いたものでは『世界史の十二の出来事』、『アラビアのロレンス』などがあり夢中になって読んだ。ロレンスはイギリスのスパイだったという話だが、わたしが読んだ時点では映画の影響もあって、わたしにとっては英雄だった。

『世界史の十二の出来事』は西洋講談の趣があって、悪くはないが、訳書の中で大切なのは『人間の絆』である。このごろ、絆という言葉が俗化しているような気がして、ひとりで憂いている。

この本が家の中で見つからなくなると落ち着かなくなる。

わたしは新潮社の仕事をいつもより早くやって、『人間の絆』を持ってきてくれないかと頼み、そうして同じものを三読した。ふしぎなことに、もとは四分冊であったものが、二分冊になっていた。まさかと思ったが、文字も少し大きくなっているのだから、減るのはふしぎだった。後に昔の本がでてきたので、詳しく調べてみたがおなじだった。

行方昭夫の訳は定評がある（最近はその行方昭夫の『モームの謎』という本があるが、これがおもしろい）。この本は、モームの自伝的作品であると行方昭夫の本にあった。主人公のフィリップは蝦足だった。つまり足が悪かったが、これはモームが強度の吃音だったことを転化させたものと思える、とあった。

識者の中には「話しがうますぎる。純文学というより大衆文学だ」という人があるという。鶴見俊輔の大衆文学論によると、たとえば、大衆作家といわれた野村胡堂は『銭形平次捕物控』をなんと二百五十回も連載した。もっと言えば無制限に連載できる才能がないと、大衆小説作家ということにはならない。

吉川英治、司馬遼太郎、大佛次郎を大衆作家と呼ぶには無理があるかもしれないが、大衆文学・純文学という人には特にわかってもらいたい。

そんなとき哲学者の田中美知太郎（一九〇二～一九八五。ソクラテス、プラトン研究の第一人者、や

つるみさん 会えて
よかった人
あの人のどこに
エネルギーがあるのか
と思った

さしく明晰な言葉で哲学書を書いた）が、モームのファンであり、哲学的にも支持者であったことを知りわたしはおおいに気をよくした。

ところで、『人間の絆』の冒頭の部分を要約してみる。


　くらい灰色の朝、まだよく目のさめていないぼうやが、階下のお母さんのベットにつれていかれた。

　お母さんはその子をだいた。フィリップは母親にしがみつくようにしながら、いっそう身体をちぢめるようにした。うとうとしていた。

「どうか、もっとこうさせておいて下さいませんか？」苦しそうに彼女は言った。

　それには答えないで、医者はじっと真

剣な顔で女の顔をみつめている。

これ以上子どもと一緒にいさせてもらうことはできまいとあきらめると、彼女はもういちど彼にキスした。それから、ずっと手を彼の身体沿いにずらせて、やがて両足まで来た。右足をつかんで、五本の小さい足指をまさぐり彼女はすすり泣きをした（初めて読んだとき、何のことかわからなかったがフィリップは蝦足だった。「蝦足」は、曲がった足といっている意味）。

フィリップのお母さんは二番目の子を死産させたばかりだったし、結核を発病して身体は極度に弱っていた。

医者は彼女が助からないことを知っていた。なにもまだよくわかっていないフィリップは、母の死後、ブラックステイブルという漁村にある、親戚の牧師館にひきとられた。

（一八八二年、モームが八歳のとき、母は肺結核で四十一歳で亡くなった。つづいて、一八八四年、十歳のときに父が六十一歳で胃癌で亡くなった。）

両親を失ったフィリップ（この小説の主人公）は孤児となった。

行方昭夫の本を読んで、モームと『人間の絆』のフィリップを重ねると、フィリップが実在の人物になってくる。

モームは十歳の頃から（小説のフィリップの蝦足にあたる）吃音がはじまった。わたしにも、吃音のひどい甥があった。手で膝をたたき調子をとりながらやっとのことで言葉をしぼりだした。だからわたしがさきまわりして、「コレコレといいたいのか」と助太刀するほどだった。大人になってほとんど回復したが、小学生のころも吃音でいじめられることはなかった。

ところが、兵隊の時に一人、番号を唱えられないものがいた。軍隊は残酷だった。となりの兵隊が、その男の番号を唱えた。しかし歌をうたう彼に吃音はなく、とても上手だった。

吃音が原因でいじめられたとしても、辛抱したほうがいい。いじめられても将来のために我慢するがいい。バネをたわめていたほうがいい。心ない子どものいじめの種になったら、くやしいだろうが、我慢するほうがいい、そうして我慢とはどういうものか、子どものうちに学ぶといい。フィリップのような足の悪い子も、クラスに一人の割合でいるような気がする。

先に書いた田中美知太郎は、東京大空襲のおり、顔にヤケドをおった。さぞたいへんだっただろうが、やがて、そのことは忘れて生きられた。碩学田中美知太郎の名にはじぬばかりか、わたしはその生き方に畏敬の念をもたぬわけにはいかなかった。弥生書房が出した、この方のエッセイ集『生きること考えること』の中に「マスク」という作品がある。わたしは、襟をたださずにはいられない。

モームは十六歳のとき、ドイツ生まれの叔母のすすめでハイデルベルクへ行き、青春のひとときを過ごした。フィリップも同じ。アメリカから来た神学生のウィークスと議論を交わしたのもいい思い出となる。このハイデルベルク時代に、西欧の空気の中にしみこんでいるキリスト教信仰から、自由になった。これは無宗教者にはわからないほど大変なことらしい。

幼児期に伯父の牧師にひきとられ、牧師館で過ごした彼にとって、これは大きい転機にちがいなかった。わたしは、スペイン旅行をしている間に通訳をしてくれたホセのことを思い出す。彼はキリスト教を信じていないという。いんちきだとさえいった。しかも自分には洗礼名がある。子どものころ何も知らぬのに洗礼を受けたのだといった。

洗礼というのは、いわば入信の儀式で、バケツのようなものの中に水を入れ、その水にひたすようにして洗礼を受けさせるもので、わたしは、ギリシャでこの洗礼を一度みたことがある。しかし子どもであるため、ホセのように成人したのち「洗礼は不本意だ」「ありがた迷惑だ」といい出すものがありはすまいか、と疑問に思った。しかしホセのいうようにそれほど束縛のあるものでもなさそうである。

フィリップはやがて、牧師にでもなってもらいたいと思われて、牧師館に住んでいたくらいである。話がたまたまそのころ新聞紙上で盛んに問題になっていた、ある合理論の書物のことに及んだとき、ケアリ伯父（世話になっている牧師）の発した質問があった。

「だって、君のほうが正しくて、かえって、聖アンセルム（訳注：十一世紀のイタリアの聖者、

神学者）や聖オーガスチン（『告白』『神の都』などの著者である聖者、神学者）や、ああいった偉い人たちが間違っているなんて、そんなことがあるだろうかね？」

（こう言っているのはフィリップで、伯父ではない）

「つまり、こういうことだね、そういった人たちは、非常に賢くて、学問があると。ところが僕の方は、果してどうだか、非常に疑わしいというんだろう？」「まあ、そうね」と、これはわれながら多少こころもとない答えだった。というのが、そういう風に言いかえると、どうも自分の質問のほうが適切でなかったようにも思えたからだった。

「ところで聖オーガスチンはね、地球は

平たくって、太陽がそのまわりを回っていると信じていたんだぜ」（学友、ウィークスの言葉）
「よく分からないが、どういうことになるのそれが？」（フィリップの言葉）
「なに、つまり、人間ってものは、同時代とともに信じるにすぎんってことなのさ。君のいうあの聖徒たちは、要するに、信仰の時代に生きていたんだ。今日の僕らにとっちゃ、信じようにも信じられないことを、彼らとしては、事実上、疑うことがゆるされなかったんだよ」（ウィークスの言葉）

モームは十八歳のとき、医学生となる。行方昭夫の言葉をかりると、「最初の二年間は医学の勉強は怠けて作家としての勉強に専念する。二年の終わりに外来患者係のインターンになってからは、興味を覚えはじめる。虚飾を剝いだ赤裸々の人間に接し、絶好の人間観察の機会を与えられたからである」。モームはこの年、作家になろうと決心したらしい。

フィリップが画家になろうと決意するのも十八のときである。画家は自由業である。俳優になりたいとか、歌手になりたいなどというのも、世間では芸能志向といって、何の保障もないのに、一種の賭をすることになる。

『人間の絆』は長い話なので、ここではフィリップが、画家を志し、挫折するまでの期間に限って話のたねにしたいと思う。恋愛に関わる話もあるが、ここではさけることにする。

内容はモームの自伝に近いが、モームは画家ではないし、またこの話が画家の苦労話ではない。わたしもはじめて読んだとき、モームは画家志望だったのかと間違えた。

みんなが、ある意味では無責任にフィリップの絵をほめてくれた。フィリップは「ボヘミアンの生活」にすっかり心を奪われていた。経理事務所に勤めていた頃の友人へイウォードはパリに詳しいらしく、フィリップのあこがれの存在であった。

牧師館の伯父夫婦は、フィリップの決意に仰天し、パリに行くなんてとんでもない、と考えた。あそこは邪悪の巣窟だ、紅衣の女が誘惑するところだ、フィリップなどひとたまりもあるまい。画家になるなんて何を夢見ているのだと思った。

「わたしはおまえを紳士として、またクリスチャンとして育ててきたつもりだ」

というのに、きっぱりと
「いいえ、ぼくはもうクリスチャンではありません」と言った。

この言葉に耳を貸したのは伯母だけだった。伯母は結婚したとき、三百ポンドの金を持ってきた、いざというときに役立てようと思っていたらしい。伯母はそのお金を餞別にしようとした。

駅まで送りにきた伯母の思いは、出発するフィリップのバラ色の思いには勝てなかった。送りに来た伯母は、最後のキスをした。

若いフィリップは未来しかみていなかったのだ。そして汽車はパリへ向けて動き出した。

モームは二十一歳のときパリにいった。行方昭夫の本で読むと、モームはモンパルナスのアパートへ長く住んだという。

戦後の日本ではわたしが三十六歳のとき、やっとドルが解禁になって、海外に出られることになり、わたしもパリへ行った。

昔、日本の画家志望者はたくさんパリへ向かった。そこで見たであろうゴッホもゴーギャンもモネもみんな貧しく、とても世間の紳士のようにはいかないので、ぼろぼろの衣服でも「心の中の美的センスは負けないぞ」という気概があった。

気の早い者はあのスタイルこそが芸術家のファッションだと思ったというが、ほんとうかもしれない。今の若者のように、Gパンをよれよれにしてもそれで平気だというのに似ている。

フィリップの画家志望はモームの作家志望にあたる。

フィリップは、ヘイウォードが紹介してくれた学生総代のミセス・オッターを訪ねたがこれはたいした女性ではなかった。フィリップはアミトラーノの学校へ通うことにし、モンパルナスのかび臭い部屋にともかく落ち着いた。

昔だったら、カビ臭かろうと何だろうとパリに住めば道はひらける、とみんな考えていた。しかしたったの五百ドルしか持っていない旅人がどうして部屋を借りられるだろう。

でもその後、友だちの田中稔之は四年くらいいたし、堀内誠一は郊外のアントニイへ長く住んでいた。わたしも真似したかったが無理だった。

フィリップのアミトラーノの学校へ通うともだちはみんなが同時に話しだす。お互いに誰一人として相手の話など聞いているものはなかった、夏行ってきた土地のこと、アトリエのこと、いろんな流派のことなどをかたった。フィリップにとってはまったく耳新しいマネ、ルノアール、ピサロ、ドガ、というような名前も出た、フィリップは全身これ耳という形で拝聴した。自分だけは、なにか場ちがいな気もしたがこころは悦びにこおどりした。

その頃ラテン区の人気をさらっているのは印象主義だった。もっとも古い諸流派にたいしてそれが勝利したのは、ごく近頃であり、まだ、まだ古い連中がマネやドガなどに強く対立していた。こうした新しい人を理解するのはどうしても、まだ一種の贔屓というものであった。イギリス人やアメリカ人の間では断然ホイッスラーの人気が圧倒的であり、目のある人たちは頻りに日本の版画を集めていた。古い大家がすべて新しい標準によって、見直されていた。数世紀にわたって、定評化していたラファエロへの評価が、いまや聡明な青年達にとっては嘲笑の的になっていた。

こうした画学生たちが、熱をこめてしゃべっていたことの中から拾いだしてみる。あるアメリカから来た画学生が、リュクサンブール美術館にかかっていたマネの「オランピア」について話しはじめた。

「今日は一時間余りも、あの絵の前に立っていたんだがね。どうもやっぱり、あんまりよくないね」

ローソン（やはり画学生）はナイフとフォークとを下に置いた。

「無学な野蛮人の本音か、そいつは大いに面白いね。ところで一つききたいが、あの絵のどこが悪いんだい？」

が、そのアメリカ人が答える前に、だれか他の男が猛烈な勢いで買って出た。

「おい、あの絵のあの肉体の描き方、あれを見て、まだよくないというのかい？」

「そうじゃないよ、なるほど、そりゃ、あの右の乳房などは、じつによく描けているさ」

「右の乳房がよく描けてる？　聞いて呆れらァ」とローソンが叫んだ。

若かりし日の画論とはそういうものだった。わたしも「オランピア」についてしゃべってみたいが、頭が下がるばかりで、若い頃でも、それらの画が、いいの悪いのという場合ではなかった。

「世人はただ、芸術家の眼を通してのみ、自然をみるのだ。いいかね何世紀というもの、芸術家の眼は、垣を飛び越える馬はちゃんと脚をのばしているものだとみた。おかげで、やれやれ馬の脚はみんな伸びているのだ。影には色があることをモネが発見するまで、やはりその眼は、影は黒いものとばかり、みていた。お陰でやれやれ、影は黒いものと決まっていた。なに、ぼくらがものの輪廓を、黒い線で囲みさえすれば、世人は当然その黒い線を見るだろうし、したがって、黒い線があることになるのだ。もし僕らが草を赤に、牛を青に描いて見ろ、やはりこれも世人は赤い草、青い牛を見ることになって、自然草は赤、牛は青ってことになるんだよ。」

血気盛んな若い画学生の議論は、絶えることなくつづいた。

フィリップには真の画家とか作家とか、音楽家というものには一切をあげてその仕事に投入させるような力が働いていて、それがために、当然人生を芸術の犠牲にするようなことになるのも止むをえないのだという風に思えてきた。悩んだ彼は、たまたま信頼できる先生に会って言った。

「私はもうこれで二年近く先生のご指導を受けているんですが、どうかひとつありのままを

言っていただきたいのです。今後も続けていくだけのものがありますか、どうか」

「君の家はこの近所かね？」

「じゃあ一緒に行こう。君の絵を見せ給え」

フィリップは胸がどきどきした、まさか今すぐ見せろと言われようとは思わなかった。

フォアネ先生は軽くうなずいた。フィリップはいろいろな画を見せた。

経過はいろいろあるが結論を言うと、

「君は、手の器用さの方はある程度ある。辛抱強く勉強すれば努力型の画家になれないことはあるまい。そりゃ君よりまずい画家だって何百人といる。ただ君の、見せてくれた画の限りでは才能は、全然認められないねえ」

フォアネは立ち上がって行きかけたが、ふと気が変わったかのように立ち止まると「だがね、もし君が、わたしの意見をききたいというのなら思い切って言おう。一つ、しっかりこのことだけは言っておこう。つまり私が君の年頃だった時分にだねえ、ひどい言い方かもしれぬが、この忠告をしてくれるものがあったら、わたしはどんなに有難かったかもしれない。そして、きっとその忠告に従ったろうねえ」

フィリップは呆気にとられて、相手の顔をみあげた。フォアネは無理に、唇だけで微笑したが、眼は依然として厳粛な表情を湛えていた。


ものすごく言いにくいことを、精一杯の誠意をもって言っていることがわかる。わたし（安野）は小説の中の言葉だとは思えなかった。

そのころ、交わったボヘミアンの中にクロンショーという男がいた。詩人だというが、おんぼろのつぎはぎだらけの洋服にも頓着しなかった。（行方昭夫は、クロンショーが、モームに当たると書いている）

「君の言うとおり、彼は『モナ・リザ』にたいする、ただ一人の弁護者だからな。君はクロンショーを知ってる？」

「誰です、クロンショーって？」

フィリップはきいた。

あの寄席芸術の可能性があたらしく見いだされたばかりのときだった。紅い鼻のコメディアンたちに最大級の賛辞が与えられ、かと思えば二十年来わめき散らしていた女歌手たちが、まるで何者の追随もゆるさぬ道化芸のもちぬしということになった。一口にいうと、馬鹿にしていた大衆芸は敬意をもって接すべきだというのである。ごったがえす群衆、闇の中にうごめく顔、ラッパの高音、口笛などが渦巻きの中からきこえてくる。

わたしはロートレックのことを思い浮かべる。

「クロンショーはあのビアズリーやオスカー・ワイルドが活躍したイエローブックに出てるんだがねえ」

同じ仲間のクラトンやローソンもほめた。

そういうクロンショーのような男は、案外よくいる、人びとの敬愛を集めていても問題にせず、無口で口を開くと人のこころを見通しているような警句が出てくる。

フィリップはクロンショーを天才だと思った。しかし本で読む彼の詩にはあまり期待通りでないことをふしぎに思った。このクロンショーとの会話は、とても勉強になった。そのクロンショーが言う。

「君は、クリュニの博物館へ行ったことがあるかね？　行って見た給え、実にすばらしい、そしてその絵模様の複雑な美には、きみも舌を巻いて感嘆するにちがいないペルシャ絨毯の蒐集がある。それらの中に、君は、東洋の神秘と官能の美しさ、ハフィズ（訳注：十四世紀頃のペルシャ詩人。恋とバラと夜鶯を材料にして人生の無常をうたった）の薔薇とオマール（訳注：同じく十一世紀後半のペルシャ詩人、天文学者）の酒盃を見るにちがいない。だがそのうちに、君はさらにもっと深い意味がわかるはずだ。君はついさっき、人生の意義如何というようなことを訊いていた。行ってあのペルシャ絨毯を見てきたまえ、そのうちに自然に答えが分かってくる時がある」

「ずいぶん、難しいことをいいますねえ」

「なに、酔っ払っているだけさ」

といってこの会話は終わるのだが、このペルシャ絨毯の話は一貫してこの『人間の絆』の底流にあるような気がする。

さきにクロンショーが、絨毯の例をあげたことについて、わたし（安野）があれこれと書いてしまったが当たっていたかどうか気になる。まじめに謎を解いたつもりだったが、フィリップの「人生に意味などあるものか」と説く一種のニヒリズムには遠く及ばない。

あの失敗がなかったら、この失敗もなかった、と後悔していくと、詰まるところ生まれてこなきゃよかったということになってしまう。そうだ、生物などこの世になければ、悲しみも喜びも、希望も、信仰もない。およそ人間がいないとすると、なにもない。

なにもないほうがよかったかもしれない。と考えて、そこまで行って、彼は「生きている」自分をみなおすのだった。少なくとも、生きている間だけは、何らかの意味があるのではないか。悲しいことがあっても、何とか辛抱していれば時間が解決してくれる。できるだけ、おもしろおかしく、人生を織りなしていくほうがいい。

それ以上、死んだ後までよほどうまく事が運んで、たとえば銅像などを立てられて、尊敬を集めることなどは、もはや自分の責任をこえている。人生に称賛すべき価値を意味づけるのは、人社試験などによくある模範解答であろう。

この「人生無意味観」についての感想は、わたしは共感するけれど、誰にでも当てはめて人に勧めることは難しいだろう。

しかしこの哲学的な思索が『人間の絆』の読みごたえの核心だと思うが、わたしが解説するのは無理だから、ぜひこの本を読んでみてもらいたい。

今日も、「いつまでも若く、美しくいられるための方法はないだろうか」という人があった。わたしは、テレビコマーシャルのことを思い浮かべながらこたえる。

厚化粧をして整形手術までして、髪を染めて仮面をかぶったほどに身をやつしても、それは舞台の上の（嘘の）話である。人をだますことはできても、化粧を落とした自分をだますことはできまい。実人生に、老いぬものはない。老いてあたりまえで、年より若く見えたところでなにほどのことがあろう。

ただひとつ若々しくあるための方法があるにはある。本を読んでこころを磨き、あるいは鍛え、こころのなかを充足し、人知れず自分の誇りを持つことではあるまいか。

本を読んでもひとには見えないことは、注意してよいところである。また美しい心をもつことが、すぐに化けの皮がはがれる表面糊塗に比べてどんなにすばらしいかしれない。

（じぶんの能力の範囲内でよいから）美しいことを見分ける心を持つことができたら、たとえ早死にしても、何らかの意味で障害を持っていたとしても、それがなにほどのことがあろうか。フィリップは伯母ミセス・ケアリの急逝もあって、ついに画家への道を断念しパリを後にする。

以上は『人間の絆』の中のフィリップの画家志望時代にかぎって書いた。しかしそれはこの『人間の絆』の全体の六分の一にすぎない。『人間の絆』はかならず得るところがあると思うので、ぜひ一読をおすすめしたい。岩波文庫からも出ている。

わたしはサマセット・モームを尊敬している。岩波現代文庫の行方昭夫『モームの謎』を読んだので、小説の世界と現実の世界に分離しがちなモームの最期のことを書きたい。わたしも八十をとっくにすぎ、往年の元気が薄れて行きつつある。

モームは想像していた老年になり、若いときに判らなかったものがいろいろと見えてくる。無論好いことも悪いことも見えてくる。それが成長というものかもしれない。

死の直前は、悲惨な例が多い。美しかった若いころの姿をみんなの心にとどめるのでなく、「悲惨でもいい」、と覚悟できたときが人生卒業の資格となる。

『人間の絆』は、モームのその後のことまで詮索したくなるほどだが、人間の最期の場面がうまくできないのに、何が神だと思うが実際は、あのモームでさえかなわなかった。やがてサマセット・モームもついに老人性痴呆となった。

誰でも死ぬ。例外はない。死ぬのは後から来る人のために場所を空けておくことだ。場所だけではない、汚れていない水と、汚染されていない空気だ。外に何も残すものがなくてもこれだけは残しておきたい。

「じぶんの背中だけは一生触れられない」

寺田寅彦『自画像』

不遜だが、寅彦を「彼」ということにして書く。この人に「自画像」というわりに長いものがあり、これはわたしには貴重な事例と思えるので、ひさしぶりに、ここでも読んでみることにした。

彼は中学生のころ油絵を描いたことがあったが、引っ越しの折、絵の道具も母が捨ててしまった。その後二十数年の間にずいぶんたくさんの絵をみてきた。そのうちに、どんなに拙劣でもいいから、「自分の描いた絵」をみたいと思うようになった。

その望みは、ようやく戻ってきた。そして、まずは手近な盆栽やコップなどから描いた。うまいとかまずいとか問題ではなかった。画家の数は何万人いようとも自分はひとりしかいないのだ、と強く思った。

思うようにかけないのは事実であった。そのかわり自分の思いがけないようなものができてくるのもおもしろくない事はなかった。

素人を自称して、相当に描ける人がわたしのまわりには何人もいる。なかにはプロの領域をすでに侵している人が三人いる。ひとりは医者、ひとりは歯医者、ひとりは医療器具メーカーの社長である。医療関係が多いが、歯医者のWさんはもともと出品していたし、ほとんど本職といっていい。今は医者をやめられたから本業になっておられるだろう。

思い出した、わたしが何も褒めないのに、フランスの「サロンなんとやら」で受賞した人があった。それはそれでいいが、受賞というものが、とくに素人をだますのに具合のいい商売であることに気が付かないとすると、その人はやはりだまされているのかもしれない。

このほかまだ絵をみていない人がひとりいるが、彼はボケボウシの医療行為として描いているのだが、じつは言動からしてそうとうなものらしい。寅彦の中にもでてくるがTとかKなどの絵描きさんは、寅彦の思うにプロなのだから自分とは一段上の存在という価値体系をイメージしている。

ついでだが価値体系という場違いな言葉をつかったのでいいわけをするが、自分が釣りに熱中していると、社会では社長だといわれていても、こと釣りになると、釣りのベテランにペコペコするようになり、しまいには人生相談をもちかけたりするようになる。

わけもないと思ったものがなかなかむつかしかったりした。それよりもおもしろいのは一色の壁や布の面からありとあらゆる色彩を見つけ出したり、静止していると思った草の葉が動物のように動いているのに気がついたりするような事であった。

生物が動くことについては、前に書いた。モデルが動くというのはあたりまえなのでモデルにたいして「動かないでくれ」という要求は本来むりなのである。すこしくらい動いても描くのでないといけない、ロートレックなどは絵描きの中でも特に描ける人だが、踊っている人を描いている。美術モデルは美人でないといけないと思う人もあるらしいが、そんなことはない、やせすぎて骨皮の人はむしろ貴重だと思ったこともあった。

テレビの絵の勉強の時間に「よーく対象の夏みかんをみてください。黄色だと思うだろうが、よーく見るとまだ他の色も見える、青も、紫もみえてきます」というと、某氏が「ほんとうだ、紫の色が見える」といったのを聞いてわたしはすっかり自信を失うところだった。

たとえばアンリ・マチスが女性像の鼻をみどりにしたり赤い頬にしたりしているのは、モデルがそう見えたからではなく、見えなくてもキャンバスの上には（絵として）創作して自由に色彩

を使っていると思ったほうがいい。

寝ころんで本を読んでいると白いページの上に投じた指の影が、恐ろしく美しい純粋なコバルト色をして、そのかたわらに黄色い補色の隈を取っているのを見て驚いてしまって……

おそれながら、こういうことはわたしにはなかった。ここにいわれているような色彩についての鋭敏な反応を感じたことはない。ときにシャボン玉の中に色を見たことがあるだけである。しかし補色などを感じる人があるのかもしれないからあまりはっきりとはいえない。

人の自画像などには一種の原因不明な反感のようなものさえもっているのであるが、それにもかかわらずついに自分の顔でもかいてみる気になってしまった。

たのまれた肖像は恣意的に色を変えるというわけにはいくまい。またゴッホは絵を描いていなければ間がもたないほどだったのにちがいない。モデル料がはらえないから自画像を描いた。今ならともかくそのころ耳を切ったりしたゴッホの自画像を買う人はいなかった。買っておけばよかったと誰でも後悔している。肖像画は約束だからいいが、ゴッホの場合、自画像は絵であった。普通の絵を描いているのと違わなかった。

描くとなると、鏡の中の自分を描くことになる。それは左右が反転していてたとえば人間の顔は左右同じようで違う、目だけではない、左右は似ていても同じではない。

自分（寅彦）の科学と芸術とは見たままに描けと命ずる一方で、なんだか絵として見た時に不自然ではないかという気もするし、年取った母がいやがるだろうと思ったので、とうとう右衽《みぎおくみ》にごまかしてしまったが、それでもやっぱり不愉快であった。

画家のT君が絵を見にきてくれた。

（T君は）一筆ごとに新しく絵の具を交ぜては置いて行くのだそうである。ある人は六尺もある筆の先へちょっと絵の具をくっつけて、鳥でも刺すようにして一点くっつけてはまたながめて考え込むというのである。この話を聞いているうちになんだか非常に愉快になって来た。（中略）それから二三日たってT君の宅へ行って同君の昔かいた自画像を二枚見せてもらった。それは小さな板へかいた習作であったがなるほど濃厚な絵の具をベタベタときたならしいように盛り付けたものであった。しかし自分ののっぺりした絵と比べて見るとこのほうが比較にならぬほどいきいきしていてまっ黒な絵の具の底に熱い血が通っていそうな気がした。（中略）

……実物と思って見ているのが実は鏡の中の虚像で鏡より二倍の距離にあるから視角はかなり小さくなっている。それに画布のほうは手近にあるものだから、たとえ映像と絵と同じ視角にしても寸法は実物の半分以下になるわけだと思われる。それにしても人が鏡を見て自分の顔というものの観念をこしらえているが、左右顛倒の事実は別として顔の大きさというものに対しても正当な観念を得る事はおそらく非常に困難だろうと思われだした。つまりわれわれはほんとうの自分の顔というものは一生知らずに済むのだという気さえした。自分の事は顔さえわからないのだ。だれかが「自分の背中だけは一生触れられない」と言った事を思

い出す。（中略）
妻と長女とに下図を見せて違った所を捜させるとじきにいろいろな誤りが発見された。（中略）コンパスや物差しを持って来て寸法の比例を取ったりしたが、鏡が使ってあるだけにこの仕事は静物などの場合のように簡単でない。なにしろほんとうの顔と鏡の顔と、ほんとうの物差しと鏡の中の物差しとこの四つのもののうちの二つを比較するのだから時々頭の中が錯雑して比較すべき物を間違えたりする。

このあたりの考え方は、さすが物理学者だと思う。

しかし画架からはずして長押の上に立てかけて下から見上げるとまるで見違えるような変な顔になっているのでびっくりする。どうかすると片方の小鼻が途方もなくたれ下がっているのを手近で見る時には少しも気づかなかったりする。

そのうち、

絵の中にいる人間とかいている自分との間には知らず知らずの間に一種の同情のようなもの

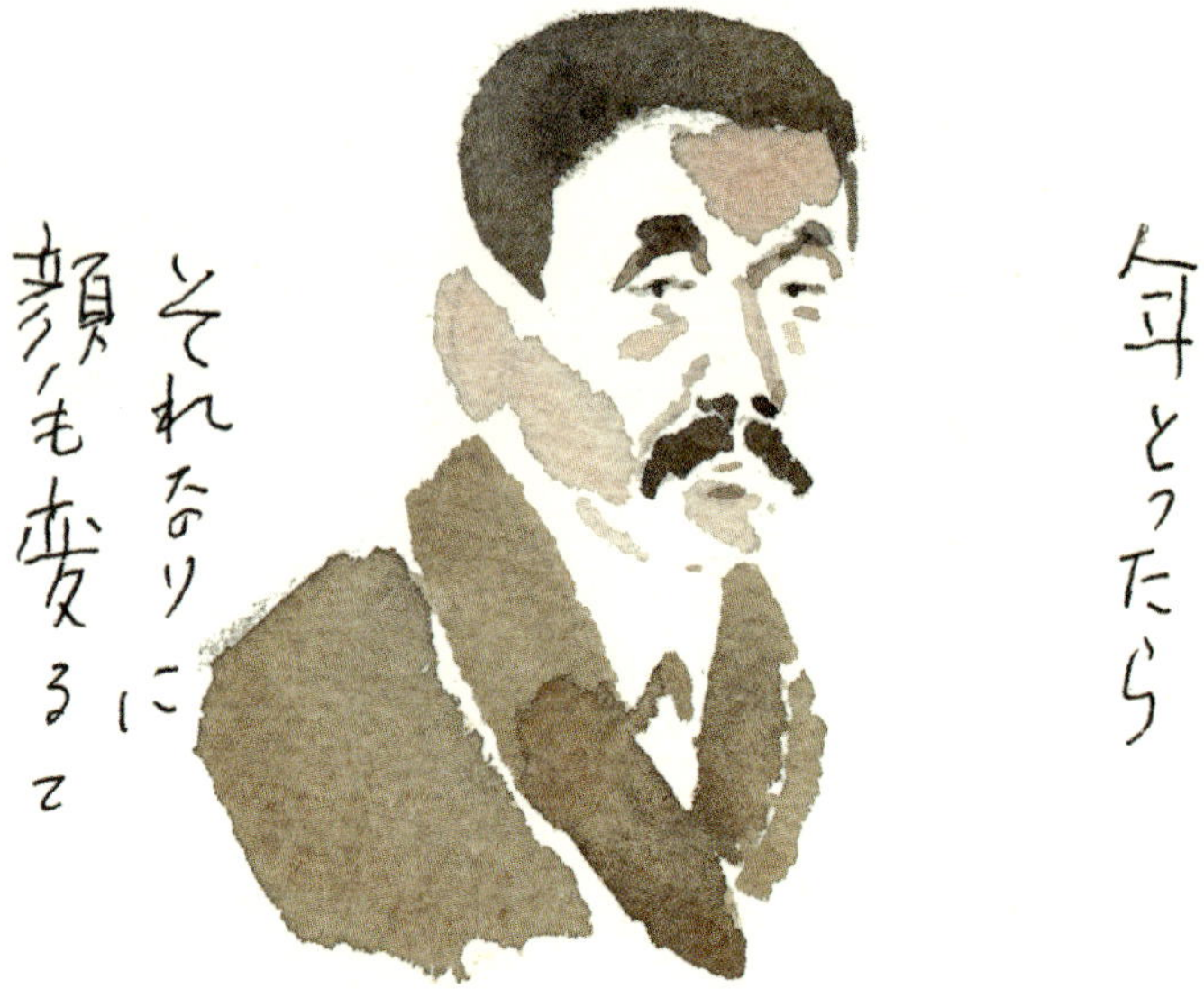

が生じて来るような気がしだした。画像が口をゆがめて来ると、なんだか自分も口をゆがめなくてはいられなくなるようであった。自分が目を細くしていると画像もいつのまにかそうするように思われた。（中略）ぐあいの悪い日は絵の具も筆も、申し合わせて反逆を企て自分を悩ますように見える。

そんな日に描きかけているとき、来客がありその客が帰ると、できそこなった絵をすぐに見ないではいられない、という。時代ということもあるが、考え方としては写実主義であるがむりもない。写実ができなかったら、人が絵として認めてくれなかった。

ラフカディオ・ハーンの書いたものの中にもこのような考えが論じてあった。われわれの祖先を千年前にさかのぼると、今の自分というのはその昔の二千万人の血を受け継いでいる勘定だそうである。

だから、自画像を描いていてもいろんな人に出会うのかもしれない、という。

セザンヌが「わかりますか、ヴォラール君。輪郭線が見る人から逃げる」と言ったほんとうの意味はよくはわからぬが、全くそういったような気のする事がしばしばあった。右の頰をつかまえたと思う間に左の頰はずるずる逃げ出した。ずっと前にいつかある画家が肖像をかいているのを見た事がある。その時に画家の挙動を注意していると素人の自分には了解のできないような事がいろいろあった、たとえば肖像の顋《あご》の先端をそろそろ塗っていると思うとまるで電光のように不意に筆が瞼に飛んで行ったりした。油断もすきもならないといったふうに目を光らせて筆をあちらこちらと飛ばせていた。羊の群れを守る番犬がぐるぐる駆け回って、列を離れようとする羊を追い込むような様子があった。今になって考えてみるとあれはやはり輪郭線や色彩が逃げよう逃げようとするのを見張っていたのだと思われた。

輪郭線は国境のようにうつろいやすい。また河を国境にしていると、流れが変わって紛争になる。絵の場合、輪郭線は心覚えにすぎない。その心覚えが作品の完成まで残ると絵にならない。すでに書いたような気がするが、自然には輪郭線はもちろん線そのものがない。絵は二次元なのだから、もともとそっくりにすることはできない。心覚えの次は完成に近づく、何が完成かというと、できたと思うときで、心覚えの線が残っていてもできあがったと思えばそれでいいのである。K君が次のような事を注意した。「いったい人間の顔は時々刻々に変化しているのをある瞬間の相だけつかまえる事は第一困難でもあるし、かりにそれを捕えて表現したとしても、それはその人の像と言われるだろうか」。

静物でもなんでも、あまり輪郭をはっきりかくと絵が堅すぎてかえって実感がなくなるようである。（中略）
同時に普通の意味でのデッサンの誤謬や、不器用不細工というようなものが絵画に必要な要素だという議論にやや確かな根拠が見つかりそうな気がする。（中略）
思うにセザンヌには一つ一つの「りんごの顔」がはっきり見えたに相違ない。

それぞれの言葉が、箴言《しんげん》のように響いてくる。自画像が無駄ではなかった。わたしたちの考えもしないことを考え、わたしたちが何十年も試してきたことを短く縮めていると思う。鏡を操作して自分の横顔をみた。自分の正面から見た顔と横から見た顔を結びつけるのが難しく思えた。

刑事巡査が正面の写真によって罪人を物色するような場合には、目前にいる横顔の当人を平気で見のがす（可能性があるかも知れない）。

人相書きというものをわたしはあまり信用しない。結果論として新聞などに成功例がでることはあるが、それも、先ほどの瞬間の顔の変化のことを思うと難しいだろうなと思う。

むしろ漫画家のかいた鳥羽絵がいちばん有効かもしれない。上手なカリカチュアは実物よりも以上に実物の全体を現わしているから。

これは、確かにそのとおりで、要点をきちんと描いてあると、写真よりも説得力がある。この場合は輪郭線も有効である。ただし似顔は、より多くの人が見て知っているということが条件にならないだろうか。見たこともない人の似顔絵は描けないと思う（チャップリンやヒトラーは例外）。また銀行強盗の現場にいあわせても、その強盗の似顔は描けそうにない、大勢の意見を取り入れて人相書きをつくるというのは、やらないよりはましかもしれないけれど、わたしはむしろ、ミスリードのほうを心配する。

たとえば生まれたばかりで別れて三年後に会った自分の子供を厳密な意味で確認しうる人があるだろうか。

厳密な意味では確認できまい。しかし映画の扮装だったら、それを演じているのがだれか見当はつく。また若いころの俳優と今の俳優が同じ人であることを看破しておもしろがることもできる。山藤章二の作品に、森昌子と山口百恵と桜田淳子の三人がずいぶん年取って歯の抜けたおばあさんになっている絵を見たことがある。大傑作で、わたしもこんなに描けたらいいなと思ったことがある。

立ててある本のあひだから匂い菫の押し花が出てきた

中勘助『銀の匙』

勘助が第一高等学校へ入学した年、兄の金一は末子と結ばれた。兄は福岡医科大学教授となる四年後に脳溢血で倒れ、早くも金一の全盛時代は終わる。中勘助によると、あらゆる機会を捕らえて、（病理的に）弟を誹謗中傷した兄であったが、「とはいえ終に私どもにとって最後のものとなったあの夜のさし向いの話、筆談を交えた不自由な話を真に兄弟らしい友愛の情をもってすることができたのはせめてものなんたる喜びであろうか」と「遺品」（『中勘助随筆集』）の中に書いている。

兄金一がたおれ、事実上の長男が再起不能となったのは中勘助が東京大学卒業の直前である。『蜜蜂』は義姉つまり末子の死後、その義姉について描かれたものだということだが、わたしは読んでいない。

しかし、この家族はかなしい。

「この時「姉」は弟のところへ泣いて訴えにきたが、彼女がしばしば夫の暴力にあったのは、〈兄さんの暴行の対象として私が肉体的にあまり強力になつたためにあなた（「姉」）が恰好な代役として選ばれたかたちになつた〉からで、〈解放といふ意味の死をさせることは堪へがたい。あなたの結婚は受難だつた。惨憺たる受難者！〉と弟（勘助）は記さざるをえない。

（中略）

高等学校からの友人安倍能成も次のように書いている。

中を救い、中を真人間にしたのは、幼い時には父君の妹のおばさん、長じては中の兄金一君の細君の末子さんであつた。（中略）

四十年のお互の忍苦
四十年のお互の慰藉
四十年のお互の死闘
四十年のお互の庇護

であったが、その「姉」に出会ったことは〈私の生涯にいはば新生ともいふべき一大転機を齎した。（中略）姉のたぐひない純真と親切が母鶏の卵を温めるやうに、太陽の若芽を育てるやうに、目覚めさせ、蘇らせ、成長させた〉のだというのだ。」（富岡多恵子『中勘助の恋』）

その末子も眼底出血、蜘蛛膜下溢血、冠状動脈閉塞症などのため、終に亡くなるときが来る。その後、『蜜蜂』の中に書いていることがある。


（姉の死後）三ヶ月以上過ぎた七月〈二十四日〉になってやっと、〈けふはたうとうこれを書くことになつた〉という「姉」との〈うつくしい思ひ出〉を書いている。

（略）せんだつて私の書庫においてある姉の本箱をかたづけてるうちに立ててある本のあひだから匂い菫の押し花が出てきた。包み紙のうへに　これはあなたと楽しくつくつたすみれ、うつくしい思ひ出のたねとなるやうに　明治三十九年一月八日　と姉の筆で書いてある。

（略）大地、という比喩の重なりの上に立つ若い生きものとしての男女の生命の歓喜に他ならない。それを、おそらくその時の勘助が感得していたから、四十年後の胸を追憶の爪が強く触れてくるのである。そしてまた、のちに「家」を管理運営するためにペアを組まざるをえなくなる「姉」と弟に対して、近親者はその「秘儀」を神話的な暗喩としてでなく通俗的

な物語として嗅ぎつけて、〈邪念〉でとりかこんだのである。（富岡多恵子『中勘助の恋』）

……百日紅《さるすべり》の木が二本ならんで天人の花笠みたいな花をいつぱいつけた。さうして月の円くなる夜頃にはいつも月がその梢にかかつて、幾十年もやつた舟のやうにとまつてたかと思ふほどはつきりと印象に残つてゐる。（中略）田圃のそばの大名屋敷に鷺のお宿があつて竹藪かなにかにどれだけとも知れぬ五位鷺が鈴なりになつてゐた。

（中略）

その菫〔姉がさとからとりよせた匂い菫〕をうゑたのがきつかけとなつて私た

ちは五十坪ばかり?の裏のあき地に花をつくる計画をした。そこは一部が野菜畑に、一部はもとから花壇になつて、芍薬《しゃくやく》や芝蘭《しらん》、いちはつなどが咲いた。

（以上は毎日「姉」に向かって書いた日記風の随筆「うつくしい思ひ出」より）

勘助は妹の死後、再び野尻へゆき湖畔の農家（石田方）二階で『銀の匙』を書こうとしたが筆が進まない。ようやく九月中に「やっとかいて隣村の郵便局へ行き、漱石あてにおくった」。

ある晩わたしたちは、ひじかけ窓のところに並んで百日紅の葉ごしにさす月の光をあびながら歌をうたっていた。そのときなにげなく窓からたれている自分の腕をみたところ我ながら見とれるほど美しく、透きとおるように蒼白くみえた。それはお月様のほんの一時のいたずらだったが、もしこれがほんとならば　と頼もしいような気がして

「こら、こんなにきれいにみえる」

といってお蕙ちゃんのまえへ腕をだした。

「まあ」

そういいながら恋人は袖をまくって

「あたしだって」

といって見せた。しなやかな腕が蠟石みたいにみえる。二人はそれを不思議がって二の腕から脛、脛から胸と、ひやひやする夜気に肌をさらしながら時のたつのも忘れて驚嘆をつづけた。

これは、中勘助の『銀の匙』の一部である。噂だが、岩波文庫の中でもロングセラーになっている本で、今でも手に入るから、ぜひご一読をすすめたい。中勘助のことを、富岡多恵子は「志の高いひとだった」という。たしか五十八歳まで独身をつづけた。察するに末子が亡くなるまで操をたてたのだろうと思う。

わたしがニューヨークへ行ったとき、時間ぎりぎりで、いろんなテーブルの上に白い布をかけているテイファニーへ飛び込んで銀の匙を買った。

二人目の孫が生まれるので、姉のほうをわが家で預かっていた。姉といっても、まだ三歳で、その子が「家に置いてきたクレヨンがいる」といいはじめた。老夫婦とその子と三人が車で方南町の家まで行き、その父に、使っているクレヨンがいるらしいといった。帰り道のその子のようすがおかしいので、

「途中でアイスクリームを買ってかえろう」というのに反応が少なく

「お父さんが大事なの」といった。

短い言葉で、すべてがわかった。

語彙の少ない三歳の子がいうのは、もっとお父さんといっしょにいたかった。クレヨンなどはそのための口実だったか、いやもっと深い意味があったのかも知れない。その子が自分の言葉を総動員してやっといったのは、

「お父さんが大事なの」

ということだった。わたしは、その孫たちのために銀の匙を買ったのである。


中勘助は『銀の匙』を次のように書きはじめている。

私の書斎のいろいろながらくたものなどをいれた本箱の引き出しに昔からひとつの小箱がしまってある。それはコルク質の木で、板の合わせめごとに牡丹の花の模様のついた絵紙をはってあるが、もとは舶来の粉煙草でもはいってたものらしい。

まだこの本を読んでいない方は今からでも遅くはないから、中勘助の自伝的作品『銀の匙』を読んでもらいたい。

雑　巾（『中勘助詩集』から）

家の者の亡くなつた後
ふたたびくべき独居の
ほころびぬふもままならぬ日を思ひ
五十男が
習ひはじめる雑巾さし
うちどめ
かへし針
むすびつぎ
指ぬきをすべらせては
痛くもはこぶ針のあと
かへりたての蚕児のやうに
右に左にみだれがち
それを姉に笑はれて

たゆまずつづける二枚め
目にみえる上達の
なの子みたいにそろふ縫ひめ
やがて姉はゆき
兄もゆき
私は娶《めと》り
戦火に焼かれて
家なしの老爺
十年前のその夜なよなの
をかしい雑巾さし
ささずにしまつた三枚めを偲びつつ
寒ざむと炬燵《こたつ》による

昭和二四、一、一七

談志によると、太陽が沈むときはジュッと音がする

吉野源三郎『君たちはどう生きるか』

この本を試しに大学生に読ませた友人がある。大学生でも興味を持ってくれたということだった。この本の中にコペル君という少年がいる。それはどういうわけなのかという、やや長い話をしたい。

落語の中に、訊きたがりやの熊さんがいたと思ってもらいたい。その熊さんが近くのご隠居さんへものをうかがいに行く。

あのう、この道を真っ直ぐに行くてえと、何がありますかな、と訊く。

あれこれいううちに海に出る。すでに隠居は警戒して、海だからそれ以上は行けないというが、舟へ乗って行くと何がありますか？　という。

屏がある。屏は越えられない。穴あ開けて行くてえと何がありますか、と際限がない。

立川談志
アア太陽は
西に沈む
海に入るトキ
ジュッと
音がする

わが熊さんのためにわかりやすくいうと大地はお盆のように平らで、その端っこには魑《ち》魅《み》魍魎《もうりょう》が住んでいるし、海の水は溢れてお盆の外へと落ちている。だから行けない。魑魅魍魎に食われるか、お盆の縁から際限のない無の空間へ落ちるかのどちらかだ。

熊さんはいう。お盆の縁から海の水が落ちるってえのはわかりますが。すると、水がなくなりゃあしませんか。

ばかなことをいっちゃあいけない、そこいらに、川という川がある。日本にだって川があるが、世界にはアマゾンというでかい川もある。それらの川から流れ込む水といったら、盆から溢れてあたりまえだろうが。

太陽がそこへ沈む。立川談志によると、沈むときはジュッと音がするという話で、その音を聞いた者もあるくらいだ。西の海に沈んだ太陽は、地の底で待っている車附きの船にのせて、大急ぎで東の空に向かう、そして朝日になってまた現れるというわけだ。

太陽もたいへんだよ。月はどうしますか？　大きいのや、円いのや、とがったのや、いろんな月がありますが。

あれは海に沈んだ時のショックで月が少し欠けるが、その修理がまにあわなくて、小さいのを出してお茶を濁しておくが、やがてまた、修理ができて円くなる。

外国の子どもだが、そこんところを勘違いしてさ、山のかげに大小さまざまな月がかくれていて、それが入れ替わり、立ち替わりして出てくるのだと思った子もいてな、まあ、子どもは罪のないもんだ。

ご隠居さん、地球は円いと聞きましたがそれはどうです。

熊さん、お前は知っていて、質問していたのかい。たちが悪いじゃあないか。お前はどこかで地球儀を見たんじゃあないかい。熊さんはたいしたものだ。コンパスで円を描くと、こういう具合に円いんだ。

わたしが、中谷宇吉郎（物理学者）の本を読んだところでは、地球といっても凸凹している。エベレストのような高山もあれば、日本海溝のように深いところもあってざらざらだ。しかし描いた円の直径と地球との比例から考えると、その高いところも低いところも机上に描く円の輪郭線の一ミリの幅の中に入ってしまう。人間なんざいないのも同じということになる。

なんだ、人間がそんなに小さいのなら生きていてもしかたがないと思うだろう。そう言って死んだ人もある。月は、ざっとひと月かかって地球のまわりをまわる。

なにしろ、あの月へ行って、今は、月の石を拾って戻ってきたという話があるくらいだ（アメリカ合衆国のアポロ一一号計画における船長ニール・アームストロングと月着陸船操縦士エドウィン・オルドリンによるものだった。一九六九年七月二〇日、司令船操縦士マイケル・コリンズが月周回軌道上の司令船コロンビアで待機する中、二人の乗り込んだ月着陸船イーグルは司令船から切り離され、七月二〇日午後四時一七分「東部夏時間」月面に着陸し二一時間三〇分滞在した）。

この月着陸は人類の偉大な試みだったが、月までは良いとしても、宇宙飛行とか火星に行くというようなことは、地球上にまだやらなくてはならぬことが山ほどもあることから考えてまだ早過ぎると思ったという、中易一郎という何でも話のわかる友人が、「天文学だけは別なんだけど」と言葉少なにいった。それで、わたしのこころもすこしゆらいだ。

では、その月に満月や三日月があって、満ち欠けをくりかえすのはなぜか、これは図（次ページ）を描いて説明する。この説明で、すぐ沈む三日月や、すぐ昼の月となって見えなくなる二十七日月の仕組みがわかったかもしれない（俗には二十七日月も三日月ということがある）。

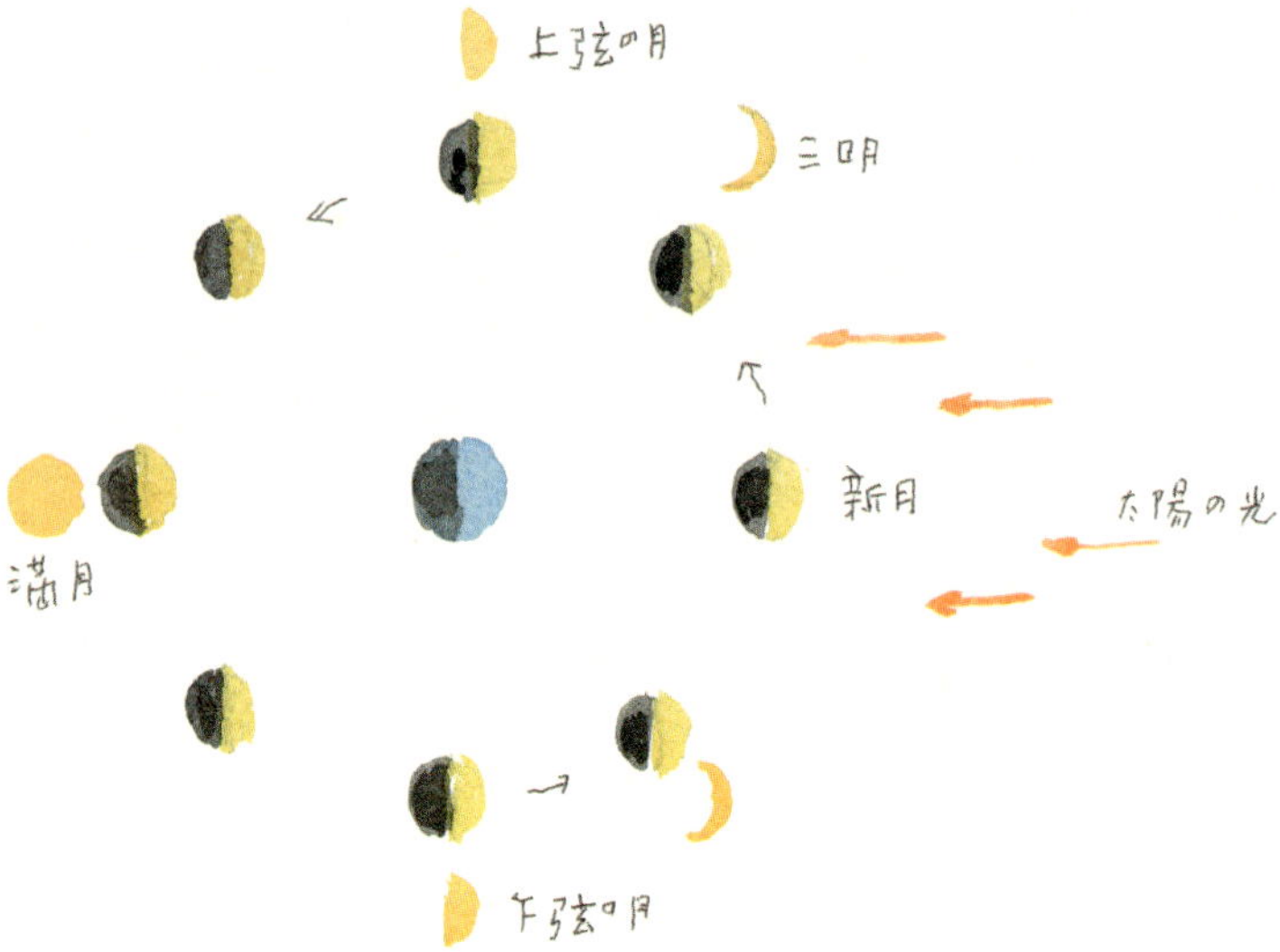

また、この図で「菜の花や月は東に日は西に」という句もわかることと思う。（夕方六時から明け方の六時まで）一晩中出ている月は、この満月だけだ。

この図のように、太陽と月の間に地球がいると、満月になる。月蝕にならないか、と心配する人があるが、月蝕は確かにそういう関係で起こるのだけれど、それは空中のことだから、そう頻繁には起こらない。つまり太陽、地球、月の三つが同じ平面にいるときに限られる（この図は平面図だが実際にはわずかの奥行きがあると思ってもらいたい）。学者が調べていて、いつ何時月蝕が起こるかちゃんと計算して教えてくれる。

この満月と、潮の満ち干きには深い関係がある、よくいわれていることだが、わたしたち地球は、同じように空中の、無限の星の中にいて同じように浮かんでいる。お互いが引き合ってバランスをたもっている。

月のない夜、空を見ると満点の星だ、見上げる空は無限に広く大きくて、そこにきらめく星は自分から光を出しているからわたしたちに見える。つまり宇宙には山ほどの太陽があることになる、無限にあるといっていい。地球から見えているのは、その太陽が子どもたちをつれてひとつの塊に見えていることが多い。

コウモリ傘を開いて、北の星空とかんがえよう。コウモリ傘にはたくさんの穴を開けて空の星ということにする。北だから真北を指し示す北斗七星などの星が真ん中に描かれたにちがいない（今はイメージの話だ）。もうひとつ、南のためのコウモリ傘を用意して、それに星を描いたとする。すると南の真ん中は南十字星だ。南には北斗七星のような目印になる星はないが、南十字星がとりかこむ範囲の中に、真南があるという。わたしはシドニーに行ったときに見たが、星ではなく空間だったから、ちょっと頼りない気がした。

この南北のコウモリ傘を二つ合わせると、球になる（これを天球といっている）。天球は地球をつつんでいる。

ただし、星たちは天球の、同じ平面にいるのではなくて遠近がある。今コウモリ傘の上に描いたとする星たちの位置にはもちろん遠近がある。けれども遠いところ、もう気が遠くなるほど遠くにいるものだから、星たちはみんなコウモリ傘の天空に貼り付いていると思っていい。

頭の上も、足の下も星で埋まっているようなもので、昼間は太陽がいるから見えないが夜になると見えてくる。太陽や雲がなかったら、昼間でも星がたくさん見えるはずだ。

その前に、自分が丸い地球の上の、どこにいるのか知りたい。人にも知らせたい。そのために、世界中から学者が集まって、地球の上に碁盤目を描くことを決めた。イギリスの、ロンドン郊外のグリニッジ天文台を縦線の出発点（経度〇の線）にして、東西に、経度の目盛りを刻むと、真反対の太平洋の上で出会う。そこが日付変更線になる。

『八十日間世界一周』（ジュール・ヴェルヌ。一八七二年）という、速さを賭けた競争で一日計算間違いが起きた話はおもしろい。

このように目盛りを刻むと、一五度につき一時間ずらせばいいことになる。これは三六〇度の分度器を見るとわかりやすい。一五度が一時間とすると、グリニッジ天文台が〇時だとして、東へ向かうと一五度ごとに時間が過ぎて、ちょうど日付変更線のところで正午になり、今度グリニッジへ帰ったときは真夜中の一二時になる、このとき一日過ぎていなければならないが、さっき日付変更線を東から西へ越えたとき、日付を一日くわえなければならなかった。

この反対に西から東に越えたときは日付を一日戻すという約束をしておけば、この問題は片付く。これは碁盤目の縦線の場合だが、横線は赤道を〇度にし北極を北緯九〇度と決める。南極は南緯九〇度の地点となる。

これらのことは地球儀をみるとよくわかる。日本では明石市を通る東経一三五度の経度が日本標準時子午線とされている。明石市立天文科学館が、兵庫県明石市の東経一三五度日本標準時子午線の真上に建っている。東経一三五度線は明石だけではなく、京丹後市のほか、無論外国でも通っているので、これを調べるのもおもしろいかもしれない。暇のある方は、次の経緯度の座標の地点はどこか調べていただきたい。

北緯三九度四二分〇七秒　東経四四度一七分五四秒

南緯二二度五四分三〇秒　西経四三度一一分四七秒

以上のように、地球にはり巡らされた座標は、地球の南北の地軸をのばしたり、赤道をのばしたりして、先に書いた天球の上にも座標を移して考えることにしてある。

こうすれば、天の星の位置を表すことができる。今となっては、星はあまり見えなくなったから、一般の関心は少なくなったが、むかし、海の上や沙漠など、目印のないところを旅するものにとっては、星が目印だったらしい。だから星座といって山に名前をつけるように、星に名前をつけ、共通の理解ができるようにした。

天空のそんなにもたくさんの星のなかに、新星を発見する人が今もある。これは二枚の写真を撮り、その二枚を重ねて、動いているものを探すらしい。新星はアマチュアが発見する例が多く、発見者の名前がその星に冠せられる。タッチの差で新星かどうかが決まるらしい。

星の中で、恒星といって動かぬ星があり、恒星がほとんどだが、新星ではないのに動く惑星がある。動いて位置を変える惑星は、太陽系では水星、金星、地球、火星、木星、土星、天王星、海王星、冥王星だった。今は冥王星は惑星の仲間からは除いて考えられている。


惑星の中でも海王星の発見は、天文学の世界でもとくにおもしろい。先に書いた惑星たちの、太陽からの距離を考えていたボーデは、これが数列として表せるところから「ティティウス・ボーデの法則」が成り立つことが注目を集め、事実天王星の位置もこの法則に一致した。

以下は、インターネットのウィキペディアを参考にした。


天王星の観測データが蓄積するにつれて、この理論から予想される位置と実際の位置がずれていることが分かってきた。一八二〇年代には、天王星の外に未知の惑星があり、引力で軌道に影響を与えているのではないか、と考えられたが、大学を卒業したばかりの、イギリスのジョン・

アダムズが一八四三年から計算を始めており、翌年には王室天文官のジョージ・エアリーに確認を依頼する手紙を送っている。

不幸にも両者の間での連絡がうまくいかず、なかなか観測が始まらなかったが、その間も計算を続けた。アダムズは海王星の位置を約一度の誤差で言い当てていた。

一方、これとは別にフランスの天文学者ユルバン・ルヴェリエも計算に取り組んでおり、一八四六年に彼の動きを知ったイギリス側はようやく捜索を始めたものの失敗に終わった。ルヴェリエは八月に計算結果をフランス科学アカデミーで公表し、すぐにドイツのベルリン天文台のヨハン・ガレに観測依頼を送った。それを受けとったガレが一八四六年九月二十三日に発見した。

アダムズとルヴェリエの明暗を分けた要因については様々な議論があるが、ここではその一つとして「星図の有無」を挙げておきたい。

海王星（ネプチューン）の発見はよく「天体力学の勝利」とか「理論の勝利」と言われるが、観測の蓄積と記録の勝利でもあった。

アダムズ自身は誰を責めることもなく研究活動を続け、やがて天文学者として大成した。現在、彼はルヴェリエやガレとともに海王星の発見者として認められている。

アンデルセンの『即興詩人』の中にダンテの『神曲』のことが、とてもほめて書いてある。こ

れは惑星の間を次つぎと飛び渡って行くというが、なにぶん天動説時代の話なので、今となっては率直にいって、おもしろくない。地球はじっとしていて、太陽のほうが動いていると考えた天動説の時代は長く続いたが、太陽が昇ったり、海や山の向こうに沈むという考え方は地上にいる限り大した矛盾はなくてすんだし、そのほうが良い点も多かったが、天文学者が、惑星の観察を続けていると、前に進んでいたものが、後戻りをはじめたり、しばらくして、また前に進みはじめるという、何ともふしぎな動きをするので、その説明に苦心した。

そして惑星の軌道には目に見えないが、枝が出ていて、その枝の先に惑星がくっついていて（周転円という）、それを振り回しながら進むために、地上からは惑星が後戻りをしているように見えるのだ。と説明し、みんな納得して、ふしぎな天動説は完成した。

これがどのくらい複雑な動きになるか、天動説を受け容れた気持ちになってつくった動画が「天動説と地動説の違いを説明するアニメーションの数学的美しさ」というタイトルのサイトでネットに紹介されている。天動説と地動説が並んでいるので、ぜひ見ていただきたい。これはじつによくできている。

コペルニクスが地動説を唱えるとき「神様が、お作りになったのなら、あんなに面倒なことはなさるまい」といったのは、この図のようなことである。そのころ、あのガリレオもコペルニクスの説明にこころのそこから納得したし、ジョルダーノ・ブルーノという修道士は熱烈にコペルニクスを支持し、ヨーロッパの各地に出掛けて人びとを説得したが、この説の中にはローマ教会を誹謗する言葉もまじっていたのだろう。彼は正しいと信じたことのために、ローマで火あぶりになった。コペルニクスは自説の本ができあがる寸前に亡くなったので難を逃れた。

ガリレオが宗教裁判で屈服したのは、わたしたちのよく知っているとおりである。

ベネディクト一六世は二〇〇八年十二月二十一日に行われた、国連やユネスコが定めた「世界天文年二〇〇九」に関連した説教で、ガリレオらの業績を称え、地動説を改めて公式に認めた。

『君たちはどう生きるか』に出てくる少年が、コペル君といわれているのは、先に書いた、コペルニクスのコペル君からとったアダ名というわけだ。

あの『檸檬』よりも淋しく悲しいのに、重さが違う

リンドバーグ夫人『海からの贈物』吉田健一訳
梶井基次郎『檸檬』
中島敦『李陵』

わたしたちの世代で人気があったのは、梶井基次郎と中島敦だった。

梶井の作品では、その代表作の『檸檬』が話題になった。京都へ行ったとき、彼が檸檬を買った果物屋を見て、寺町を通り、丸善まで歩いた。ところがこの丸善は、河原町にあった店ではなく、寺町を下ってきて右へ曲がったところにある店だった。

二〇〇九年、当の果物屋が閉店になり、丸善は河原町にあったものまでなくなった（二〇一五年、同じ場所に復活）。時間がずいぶんたったものであるが、『檸檬』は依然として生きていて、何も実地検分まですることはないのだったが、わたしは仕事の上でこの道をたどったことがある。

中島敦は『李陵』と『山月記』などがしられている。いずれも高校の教科書などに載っている

ため、ファンはあとをたたない。

また、『海からの贈物』（アン・モロウ・リンドバーグ著）。吉田健一訳の、この本もすばらしい。

吉田健一をネットで見ると、「一九一二年（明治四五年）、東京千駄ヶ谷宮内庁官舎に生まれた。父の茂は当時外交官としてヨーロッパにおり、母雪子も出産後茂の元へ向かったため、健一は六歳まで母方の祖父である牧野伸顕に預けられた」とある。

わたしがこの本を読んだときは、「翻訳がいいのだ」といいたくなるほどだった。

このリンドバーグは、『翼よ、あれがパリの灯だ』のチャールズ・リンドバーグの夫人であり、他にも著書がある。それだけでも話になるが、この『海からの贈物』は、海でであう貝の類を想いだすままにたどりながら、人生の哀歓を語るのだ。

文章の一行ごとに、想像の世界が広がって、つまり世界が、広がり、反論の余地などまったくないほどにひきこまれて行く点で、梶井や中島と同じだと思った。

「つめた貝」の章に、次のようなことが書いてある。


島というのは、なんと素晴らしいものだろう。私が今来ているような空間的な意味での島でもいいし、それは何マイルも続く海で囲まれ、こういう島を本土と繋ぐ橋も、電信も、電話もなくて、島は世界からも、世間での生活からも切り離されている。またそれは時間的な意味での島でもよくて、私のこの短い休暇が丁度そういう島なのである。過去と未来は切り離されて、ここには現在だけしかない。そして現在の中でだけ生きていることは、島での生活をひどく新鮮で純粋なものにする。「ここ」と「今」しかない時、子供、或いは聖者のような生き方をすることになり、毎日が、そして自分がすることの一つ一つが時間と空間に洗われた島であって、どれもが島と同様に、それだけで充足した性格を帯びる。そういう空気の中では、人間も島になって充足し、落着きを得て、他人の孤独を尊重してこれを犯そうとせず、別な一箇の個人という奇蹟を前にして自然に一歩後へ足を引く。「人間は島ではない」とジョン・ダンは言ったが、私は我々人間が皆島であって、ただそれが同じ一つの海の中にあるのだと思う。
我々は結局は、皆孤独なのである。

墓石に文字を彫る人から聞いた。「たとえば田の字を彫ると、四つの離れた箇所ができる。われわれはこれを島と呼ぶ。島は彫る力に弱いのでこわれるおそれがあるから、彫ったところには石膏をつめて島を陸続きにしては掘り進む」のだということだった。
中島は南太平洋の島にいたのだから特にいうことはない。梶井基次郎の「海」という断片の、その部分だけを読んで見よう。

そこは有名な暗礁や島の多いところだ。その島の小学児童は毎朝勢揃いして一艘の船を仕立てて港の小学校へやって来る。一番近い島でも十八町ある。一体そんな島で育ったらどんなだろう。島の人というとどこか風俗にも違ったところがあった。女の人が時々家へも来ることがあったが、その人は着物の着つぶしたのや端ぎれを持って帰るのだ。そのかわりそんなきれを鼻緒に巻いた藁草履やわかめなどを置いて行ってくれる。ぐみややまもものの枝なりを貰ったこともあった。しかしその女の人はなによりも色濃い島の雰囲気を持って来た。僕たちはいつも強い好奇心で、その人の謙遜な身なりを嗅ぎ、その人の謙遜な話に聞き惚れた。

しかしそんなに思っていても僕達は一度も島へ行ったことがなかった。（中略）
暗礁については一度こんなことがあった。ある年の秋、ある晩、夜のひき明けにかけてひどい暴風雨があった。明方物凄い雨風の音のなかにけたたましい鉄工所の非常汽笛が鳴り響いた。そのときの悲壮な気持を僕は今もよく覚えている。家は騒ぎ出した。人が飛んで来た。港の入口の暗礁へ一隻の駆逐艦が打《ぶ》つかって沈んでしまったのだ。鉄工所の人は小さなランチへ波の凌《しの》ぎに長い竹竿を用意して荒天のなかを救助に向った。しかし現場へ行って見ても小さなランチは波に揉まれるばかりで結局かえって邪魔をしに行ったようなことになってしまった。働いたのは島の海女で、激浪のなかを潜っては屍体を引揚げ、大きな焚火《たきび》を焚《た》いてそばで冷え凍《こご》えた水兵の身体を自分等の肌で温めたのだ。大部分の水兵は溺死した。その溺死体の爪は残酷なことにはみな剥がれていたという。

この駆逐艦の話は、そういう事実があったのだろうと思う。リンドバーグ夫人のいうように、「我々は結局は、皆孤独なのである」ということばが、心に残る。亡くなったHはみんなから親しまれていたが、奥さんにいわせると、「我々は結局は、皆孤独なので」あったということだった。

梶井は文壇に認められてまもなく、三十一歳の若さで肺結核で没した。死後次第に評価が高まり、今日では近代日本文学の古典のような位置を占めている。その作品群は心境小説に近く、自らの身辺を題材にしていることも多いが、日本的自然主義や私小説の影響を受けながらも、感覚的詩人的な側面の強い独自の作品を創り出した。

梶井基次郎は当時のごくふつうの文学青年の例に漏れず、森鷗外や、志賀直哉などの白樺派、大正期デカダンス、西欧の新しい芸術などの影響を強く受けていると見られ、表立っては新しさを誇示するものではなかった。それにもかかわらず、梶井の残した短編群は珠玉の名品と称され、特に名前をあげないが、その後の文学者のほとんどの人の称賛を受けている。

梶井基次郎の遺稿の中には、注目すべきものがいろいろある。ちくま文庫にまとまっているので今でも読める。

話は変わるが、今の銀座は歩行者天国になっていて、時間が来ると（正午）パトカーがそのことを知らせるが、中にはそれを忘れるものがいるらしく、車がとりのこされて、たぶん駐車違反になるケースが少なくない。

戦後すぐのころは、銀座を都電が走っていた。わたしは東京生まれでもないのに、むかし話をするほど時間がたったが、そのころは、さらに、銀座通の両側に夜店がずっと並んでいた。銀座

の柳は乏しかったが、それでも少しはあって、いま京橋のあたりに昔の煉瓦敷きの、銀座の部分が残っている。

そういえば、あのころ京橋には川があり、数寄屋橋という橋もあり、つまり首都高速というようなものはなかった。

夜店の屋台はどこから来るのか、と思っていたら、時間になると、例の屋台の車をひいて東京の各地から、集まってくるのだった。店を出す場所はきまっていたらしい。でも公道だから、いわばやくざの支配にたよっていたのではないか、そうでないと始末がつかない、と愚考する。

おもちゃ、インド伝来の文物、皮のベルト、財布、革鞄、喫煙道具、衣料ならびに古着、質流れの貴重品、昔の勲章、古銭の類いなどきりがないほどの商品でうまり、梶井の書いたものでは「額縁屋や、扇子屋や、古本屋や、呼鈴屋や、玩具屋や、刃物屋や、表札屋や、……」などが文人の書いたものにあるという。買わなくてもよいから、これをみてあるくだけでおもしろかった。いわゆる銀ブラという言葉は、この夜店と関係があるのではないかと思う。

今の銀座など、日曜日にわざわざ歩行者天国を歩行しようと思って出かける人は少ないのではないだろうか。（これが、はじめてできたころは、歩行者天国でバレーボールで遊ぶ人があった。また、中国からの客で賑わってもいたが、今はどうだろう。）

夜店を復活したら、わたしも行ってみるのにと思うが、公道の支配権はどうなるか、たとえば丸の内など、イルミネーションで人を集めようとしないでも、何らかの方法で夜店が出せるようにすればいい、使用権利を警察の収入にしてもいい、そうすると税金が安くなって潤う。

この話は余談として、梶井基次郎の「琴を持った乞食と舞踏人形」断片は、特筆してもいいと思うほど、わたしの好きな作品である。

かいつまんで書くと、そのころ「飯倉にいて麻布十番へもよく出掛けた」。「当時不眠症で困っていた私は、」「歩いても歩いても心のなかにはどうしても満たされない気持があって、ついには終電車がやって来る時分までうろついていたりすることがある」。

そんなとき、「一つの人形と一人の乞食のヴィジョンが浮かんで来る。ダンス人形と琴を持った乞食だ」というのである。

「ダンス人形というのは、東側の松屋の前あたりの玩具屋の屋台の上に、いつも澄ました顔をして踊っていた人形である」。それは、ゴムのにぎりから空気を送って動かす仕組みになっている仕掛けだった。「スカートを穿《は》いて、しかし顔は古い日本の人形のような表情で、いつ見ても小さな函の舞台の上で、あちらを向いたりこちらを向いたりクルリクルリと踊っているのである」。その人形を「見ることはなにか傷ましい気を起こさせた。あるいはこれがもっと玩具屋の店の中かなにかならこうも淋しくは見えないのだろうが、あとからあとからぞろぞろと人の歩いて来る舗道で、しかもその人々が誰あってそれに目をやろうとしない風なのだから余計淋しそうに見えたのである」。

これ以上は書けない。わたし自身、さすが梶井と思いながら読んだ。

わたしは、あの『檸檬』を読んだときのようなショックをうけた。いや、あのように華麗ではなく、淋しく悲しいのに、重さが違う感じをうけた。もし、興味があったらこの断章も読んでもらいたい。梶井基次郎がもっと長く生きて、このダンス人形を完成させてくれたらよかったと、勝手なことを思った。

「琴を持った乞食は盲人《めくら》だった」という、おしまいのあたりの言葉を、わたしは、おもわせぶりに書いておくに止めたい。

李陵というのはあの石を虎かと思って石を射たらその矢が立った。石だとわかってからは立たなかったというエピソードのある名将李広の孫である。

李陵は李広の血を引いて、勇敢な将軍となり、その元に集まった兵士たちはみな李陵のために命を惜しまなかった。李陵はやはり中島敦だと思う。青空文庫で読める。

また、司馬遷『史記』（一海知義訳）のなかに収録されている、一海作の小説『李陵』でも読める。これは読みやすく、冒頭は「李陵がうまれたとき、父の李当戸はすでに世を去っていた。李陵は異腹の子だったのである」。

かいつまんでいうと、前線にいた李陵は連絡不十分な祖国、漢の武帝の誤解をうけ、残してきた李陵の母などを処置されたことを伝聞する、こういうことが二度も重なったため、最早これまでと思い、李陵は匈奴王、単于のもとへはしる。

この話は司馬遷が『史記』を著すことと深い関係がある。のちに太史令となった司馬遷は、父の死によって『史記』を書くが、四十七歳のとき李陵の事件に直面した。二人は同じ役所に勤めたことはあったが特別に親しかったわけではなかった。

この司馬遷が李陵のことを知った。これには何か深い理由がある、と考え、武帝に対して李陵を弁護した。

なんということだろう、武帝は怒り、司馬遷を死刑にするはずだったが、考えかたによってはもっと重い宮刑を命じた。司馬遷は心中大いに発憤し大長編『史記』を完成させた。

このとき司馬遷は宮刑の痛みに悩みながらなしとげたのである。ときの皇帝の力のなんと強大無慈悲なことであろう。

参考までに書く。佐藤武敏『中国古代書簡集』（講談社学術文庫）の中に「李陵から蘇武へ」「司馬遷から任少卿（任安）へ」の手紙文がある。いずれも小説ではない。

かつて虚栄の焼却をおこなったあの広場に、絞首縄がまっていた

中野好夫『世界史の十二の出来事』

ジロラモ・サヴォナローラのこと。

サヴォナローラは一四五二年九月二十一日にフェルラーラで生まれた。今もフェルラーラの街角にその銅像が立っている。

ドミニコ会に入信し、一四八二年にフィレンツェのサン・マルコ修道院に転任した。後日フィレンツェの市庁舎広場で、火あぶりの刑までうけた。一口に言うと、そのころフィレンツェを支配していた大豪族メディチ家に反旗をひるがえし、塩野七生によれば、すすりなくような声の名演説で、心より華美をいましめた。

当時のフィレンツェを支配していたメディチ家に対して「虚栄の焼却」という旗印の下に、今でいう紅衛兵のように無批判盲目的な信奉者を使い、家捜しし、華美と目されたものはみんな集めて火をつけた。あのボッティチェッリも自分の絵を火の中に投じたという。

一方、一四九四年、フランス軍が侵攻し、それを予言していた、いわばまぐれ当たりのために信望が高まった。メディチ家はフィレンツェを追放され、サヴォナローラが支配者になったと言ってもいい。

あの市庁舎前広場から見える、市庁舎の棟の尖端までのぼったことがあるが、じつはサヴォナローラは、その後、そこの狭い一室に幽閉されていた。おりてその直下の広場で今度は自分が焼却されることになる。これは絵が残っている。尖端は一室になっていて格子の嵌まった部屋になっている。その窓から見える景色はほかならぬサヴォナローラも見た同じ光景だったろうと思うと、まったく感無量であった。

よく見ると、市庁舎広場の地面には、丸い鉄板が埋められていて、「サヴォナローラここに死す」とか何とか書いてある。行き交う人は多いが、足元のこの円盤を見る人は少ない。

わたしは、文化大革命を連想して、みんな知りたくないことばかりだったが、サヴォナローラの事跡は、詳しく見ると悪いことばかりではなかったらしい。

話は変わるが、わたしは中野好夫の文章が好きで、なにが書かれていても無条件に好きだっだ。読み進むうちに、そのとおりだ、ぼくも前々からそう思っていた、という具合になり、説得力があり、中野好夫にかぎり、ひとことの反対意見も出てこないのである（ここのところはわたしの、思い上がりで、中野好夫を読んだあとに考えたことである）。わたしは、一度も会ったことがないし顔をみたこともない。

そのころ新潮社に沼田六平太という男がいた、これは随筆が洋服をきてあるいているようなもので、新潮社の海外文学のほとんどは彼の手になるものだった。その彼が、突然に飄然とわたしの近くに来て「来たよ」といった。

今度佐野洋と、それからだれやらと、わたしの四人でテームズにいかないか。老夫婦の船頭さんがいて、この人の私的な船に乗る、船はテームズをゆっくりと上るが、行くところまで行くと、今度は運河を伝わって別の流れに入り、名前は知らぬがともかくその川を下ってロンドンに帰るというのはどうだ、船はありし日の田園の中をゆっくりと行く、運転は老夫婦で、行った先で老婆は地元の店におりていき夕食のしたくをするために、何か見つくろって買ってくる。無論ワインははじめからつんである。その間、われわれ旅人は麻雀か何かやって時のたつのも忘れるというのだ。

わたしは気が動いた。絵を描く時間などなくてもいい、その川を上下することがすでに画境三昧の心境ではないか、と思った。

沼田と話をしているだけでもテームズを上っているような気がしてくる。なぜかというと、わたしはスケッチのひまに、テームズを実にゆったりと上る船を見たことがあるからである。それ

はわたしの脇をすりぬけるようにゆっくりすすんだのである。

沼田は、そんなことをいわれても、すぐに都合をつけて行けるものでないことがわかっていて、人をうらやましがらせようとしているかのような気がする。彼ともういちど会って、今ならテームズを実現させることができるのにと残念である。あ、この話は、沼田六平太が、中野好夫をよく知っていたからだ。彼の描写によると、僧兵のような風貌だった、正義漢だった、という二つのことしかわからなかったが、それでも納得した。

フィレンツェをはしりまわる、特別の服装をした少年たちを見ているうちに、ようやく、市民は聖徒の政治が、ときには悪魔の仕業かとも思えてきた。思いあがりは、しばしば天使をさえ人間にする。サヴォナローラの言動にもあきらかに有頂天になった人間のもたらす奢りがみえてきた。あるときは自己の無謬性という過信によっていた。それは彼の行動の反省欠如となった。

天譴の外敵を彼が予言しつづけ、しかもそのとおり実現したという今となっては、シャルル八世というたんなる野心家を、我にもなくそのまま神からの救済者と混同してしまった形跡がある。そのせいであろう、やがて全イタリア民族主義の結束が首尾よくシャルルの侵略軍を国外に追ったときにもサヴォナローラ指導下のフィレンツェだけは、ひとり同盟の圏外にたって、むしろ侵略者と取り引きをくりかえしていたきらいすらある。

あの、先塔の牢獄に迎えの兵士がやってきた。かつて虚栄の焼却を行ったあの広場に、薪が積まれ、急ごしらえの道がついていた、行き先には十字を思わせる腕木がしつらえられ、絞首縄と鉄鎖とが待っていた。絵が残っている。

群衆は、こんなおもしろい見世物はないという心境に変わっていたのもふしぎではない。そうやってひしめく群衆が、彼の目にみえたかどうか。

「預言者よ、奇蹟は今だ!」と、その後におよんで奇跡の到来を信じていた人びとの思惑とは別に、彼は焰の中の人となった。一四九八年五月二十三日午前十時、四五年の生涯であった。

彼の最後の言葉は「わが主は、わがすべての罪のために死にたもうた。わたしはこの貧しき生命を喜んで彼に献ぐべきではないだろうか」だという。

遺骨はアルノ川に捨てられた。(『世界史の十二の出来事』より要約)

サヴォナローラは、一見だれからも支持されていないと思いやすいが、今でも殉教者として熱心な支持者がいて、ある種の信仰を集めている。

この本には、「血の決算報告書」(ロスチャイルド王国の勃興)や「砂漠の叛乱」(アラビアのロレンス)などが載っていて飛びきりおもしろい。アラビアのロレンスはいわゆる「手に汗握る映画」になって評判をよんだが、このロレンスはじつは英国のスパイの役目をしたのだと他の本で読んで、なんだそうだったのか、と思ったが映画のおもしろさに変わりは無かった。

この『世界史の十二の出来事』は、おもしろいので一読をおすすめしたい。

なお、ガリバー旅行記のスイフトやシェイクスピアは特に中野の専門といっていいほどで、これも特におもしろい。

デカルトは「この世の中で最も公平に分配されているものは良識である」といった

遠山啓『数学入門』

そのころは、まだ横浜に住んでおられた遠山啓《とおやまひらく》（一九〇九―七九）を訪ねた。福音館書店の藤枝澪子という方といっしょだった。

そのころわたしがかいていた、たとえば『くらべてかんがえる』（福音館書店）というような、いくつかの絵本を「はじめてであうすうがくの絵本」と呼んでいいかと、お伺いに行ったのである。

遠山啓は水道方式を首唱し、沈滞した数学教育に一石を投じたが、当時の文部省の方針には合わず、そうして作られた教科書も六年生が検定に落ちて、うまくいかなかった。しかし水道方式そのものは認められ、今ではその論理的な展開が一般化しつつある。

この遠山啓を、兵隊の位でいうと何にあたるか、各地の大学の先生を大将の位にすると、遠山啓は元帥《げんすい》にしないと公平でなくなるというものがでてきたりした。

遠山啓
みんなが尊敬した人
家の外では
よく笑う

　はじめ学生時代は東大の数学科に入った。ところが先生と話が合わないため、一年生で辞めた。これはなかなかできないことである。そして家に蟄居《ちっきょ》してバルザックなどに読みふけった。そして知る人ぞ知るバルザックの権威になった。でもこのままではまずいと思って、東北大学に入り、卒業した。

　温顔でよく笑った。しかし家の人は外ではあんないい顔をしているのに、家では笑顔ひとつ見せたことがない、と奥さんたちはいった。

　そんな遠山啓の『数学入門』上下巻は岩波新書のベストセラーである。わたしは何度も読んだ。

　それは、数の幼年期から微分積分にいたる長道中をできる限りやさしく説いたもので、

デカルト近代
哲学の元祖だ
そのむかしは
こんな正しいことも
言えなかったのか

この際おすすめしたい。初めから根気よく、ゆっくり読んでいけば、きっとわかる。「はしがき」の言葉の中から拾ってきた、遠山啓の言葉。

デカルトは「この世の中でもっとも公平に分配されているのは良識である」といったが、数学の土台になる考えかたも、万人が共有している良識以外の何ものでもない。だから数学を勉強していくためには誰もが持ち合わせている良識と、それに多少の根気が必要なだけである。

という。全巻は長いので、ここでは、世にいうツルカメ算を話題にしよう。

「ツルとカメとが合わせて一〇匹いる。足の数は合わせて二八本ある、ツルとカメは何匹ずつか」

この問題はひとつのクイズと思ってやってもいい。森毅は「ツルの足とカメの足をたしてもいいのか」と冗談をいったが、だからクイズなのだ。

あらゆる場合を調べて表にする。今のわたしにとっては、気の利いたやり方ではないが、数学的には「総当たり」といってしらみつぶしに調べるというのも、良識の一種かもしれない。

カメ	0	1	2	3	4	5	6	7	8	9	10
ツル	10	9	8	7	6	5	4	3	2	1	0
足の数の合計	20	22	24	26	28	30	32	34	36	38	40

右の表は総当たりの表である。このやりかたなら誰でも思いつくにちがいない、と遠山啓はいうが、文明に侵されているわたしは思いつかない。何か独特の秘法がありそうだと思う。

もし、ツルとカメと合わせて一千匹の表となると大変だし、一万になるともっと大変である。でも、遠山啓は右の表をよくみると、足の数の合計が、二本ずつ増えていることに気が付くだろう、という。これは隠れた法則性である。解決法はすぐである。

ツルカメ算を、算数的にやろうとすると、最初に、ここにいるのはみんなツルだと考える。つまり、ツル一〇羽、カメ〇匹の場合は足の数は二〇本である。これを二八本にするためには八本増えなければならない。そのためには、八割る二＝四つまり四羽のツルを、足の数が四本のカメに変えればよい。

全部をツルと考えたときの足の数は　$2 \times 10 = 20$
足りない足の数は　$28 - 20 = 8$
足を二本ずつ加えてカメにする数は　$8 \div (4 - 2) = 4$
ツルの数は　$10 - 4 = 6$
答え　ツル・六羽　カメ・四匹

このやりかたなら、合計一〇〇〇匹、足の合計二八六〇本の場合も同じように解ける。もっとたくさんのツルとカメでもできる。

第一次方程式

中学時代を回顧して湯川秀樹は次のように述べている。

代数も好きであった。小学校の算術に、ツルカメ算などというものがある。まるで手品のような巧妙な工夫をしないと、答が出ない問題だ。それが代数では、答を未知数エックスと書くことによって、苦もなく解ける。論理のすじ道をまっすぐにたどって行けばよい。

ツルカメ算を代数ではどのようにして解くのだろうか。まずカメの数をxとおく。そうするとツルの数は全体からxをひいた数、$10-x$である。足の数はツルが$2(10-x)$で、カメは$4x$だから合計は$2(10-x)+4x$。

これは普通の文章で書かれた問題を、数学のコトバになおしただけのことである。この方程式ができたら、その方程式を解くだけでよい。

$$2(10-x)+4x=28$$

となる。あとはこの項を解けばよい。

$$2(10-x)+4x=28$$
$$2\times10-2x+4x=28$$
$$20+(4-2)x=28$$
$$(4-2)x=28-20$$
$$2x=8$$
$$x=4$$

式の立て方が正しければ後は式が考えてくれる。

この問題は算術でも解ける。でもたとえばニュートンがあげた次のような問題は、算術では、難しい。

ある商人が毎年財産を三分の一だけ増加させる。しかしいっぽう生活費として一〇〇ポンドだけ使う。そのようにして三年後に、財産は二倍になったという、初めの財産はどれだけだったか。

ニュートンはこの問題を解くために、この文章を代数の言葉に翻訳する。彼はつぎのようにいっている。

文章の中に、数とか量の間の関係がでてくる問題をとくには、問題を英語またはその他の言語から、量の間の関係を表わすのに適した代数の言語にほんやくする以外に何もする必要がないことがわかるだろう。

文化八年（一八一一）千島列島に来航したロシア帝国軍人ゴロヴニンの二年三か月余にわたる日本幽閉中の手記。一巻。一八一六年にロシアで出版。文政年間（一八一八〜一八三〇）に『遭厄《そうやく》日本紀事』と題して、明治二十七年（一八九四）には『日本幽囚実記』と題して邦訳された。（現在では講談社学術文庫に『日本俘虜実記』上下巻として出版されている。）

この本はとてもおもしろいが、その中にピタゴラスの定理について、日本人が知っているかどうかを質問する箇所がある。というのは、長い鎖国のために、西欧の学術文化が入ってこなかったため、ゴロヴニンの日本幽囚という滅多にない機会に、当時の日本の学者が各地から話を聞きに出向いたというのだ。

そのとき、ピタゴラスの定理についてはどうかと聞かれ、日本の学者は、直角三角形の直角を挟む二つの辺の作る二つの方形を、巧みにはさみで切り、斜辺の平方形にピッタリと重ね合わせたのである、とゴロヴニンは書いている。

天才の峰が高ければ高いほど、悲しみの谷も深い

小平邦彦『怠け数学者の記』

黒板に、囲碁を打っている石の運びを描いたとしよう。この場合黒板に○を描いてチョークで白く塗りつぶした方を●と認識して見ていることが多い。

白い紙の上に、梅の花を描くとき、背景の方を黒く塗りつぶせば白い梅の花はできるが、そうしないで、白の紙の上に薄墨ではなびらを描いても白いはなびらと見える。

黒いラシャ紙の上に、カラースライドを映すと、白い土蔵はどう見えるか、これがやはり白い土蔵に見えるからふしぎである。

心理学の先生で、お名前をわすれたが、この方はプリズムをメガネにして天地が逆になるようにしてしばらく生活した。すると、たとえば自分の手にしている水差しから水が上に落ちる。天地が逆に見えていても、引力の事実はかわらないから、下に落ちるという事実のほうが正しい。そうすると、逆に見えているにもかかわらず、頭の中が独りでに修正して、プリズムのメガネを

していても、やがてすべてが正像に見えるように頭が修正するときがくるそうである。メガネを外したらどうなるかと聞いたら、瞬間は逆だが、それでも正像に戻るのは早いということだった。

これらは典型的な例だが、実際にも絵は修正の目で見てもらえる傾向がある。自分の都合のいいように受け取る。これは絵だけではなく文章もそうで、これは誤解を生むことにもなる。ひどいときには絵（現代絵画）がさかさまに展示されることもあるほどだ。また修正よりも前に絵の題名で見方を誘導されることもある。題名はニックネームのようなもので、絵そのものとは関係はない。描く者が思った通りに受け取ってもらえないといって不満を漏らしていてもしかたのないことである。

小平邦彦（ピアノ、とくにショパンに親しまれたことは、数学者のもう一つの顔であった）の本『怠け数学者の記』（岩波書店）の中から、考えた話。

ジョン・ケージ（John Cage）という作曲家が『四分三三秒』とかいう表題の曲を書いたという話をきいたことがあります。それはストップウオッチを持ったピアニストが舞台に現われ、お辞儀をしてピアノの前に座り、何もせずにストップウオッチをじっと眺めて、四分三三秒経つと立上がってお辞儀をして舞台裏に引込むという変わった曲でありまして、その四分三三秒間における聴衆の咳払い、溜息等が音楽を提供するというのだそうであります。……この曲について現代の音楽家、評論家がまじめに議論しているところを見ると、作曲は先代の偉大な業績に抑圧されて行き詰ってしまったと考える他ない。大体、常識のある人でこの『四分三三秒』などという馬鹿な曲を真面目に聴く人がいるでしょうか?

原博著『無視された聴衆―現代音楽の命運』（ケンロードミュージック刊）という本にケージに触れた箇所がある。

……一九八二年発行の『音楽大事典』初版は、〈四分三十三秒〉発表の三十年後、『音楽事典』初版発行の二十七年後に出されたわけだが、「ケージ」の項は解説だけで三頁強、作品表（評の誤りかもしれない）は七頁強、曲目収録は一九七九年までに渡っている。〈四分三十三秒〉については「同年秋、ウッドストックのマーベリックの演奏会場で、以後ケージの音楽の中で最も人口に膾炙されることになる〈四分三十三秒〉がチューダー（ピアニスト）により初演された」とある。……肝心な点は『音楽大事典』が発行された一九八二年にはケージは現代音楽世界の中でゆるぎない第一人者として認められているという点である。」

「『四分三十三秒』における聴衆の咳払い、溜息などを日常現実音だと考えるとき、ケージがそこに認めたものは「音楽」であり、王様がそこに認めたものは「衣」である。この王様の話は、ケージ自身も彼を認める人々もよく知っていて、また、この話が、全く根拠のないものが少しずつ論理をずらされて行った結果、ついに信ずるにいたる愚かしさの笑い話としての教訓だということも知っているはずである。

いずれにしても、ケージのこの作品ならびに思想は現代音楽世界の人びとによって支持されている芸術原理に照合された結果、疑う余地のない正真正銘の「音楽」であると承認されたことには変わりはない。

オペラなどの狂言回しが解説風に語るのは例外として、音楽は音楽であり、言葉による説明を待って音楽が成り立っているということはあるまい。似た例として、文学は文学であり、挿絵（図面などの説明図は除く）によって支えられているということはない。

何の説明もなしに、ピアニストが壇上で四分三十三秒を過ごして降りてきたとき、聴衆は何を考えるだろう。

原博も作曲家だから、全部いってしまうことをためらっているのかもしれないが、王様のたとえを借りて「ケージがそこに認めたものは、「音楽」であり、王様がそこに認めたものは「衣」である」とすれば、すなおな聴衆（小平邦彦やわたしを含めて）が認めたものは、「裸」であり、原博が認めたものはこれらの関係から自ずと浮かび上がる現代音楽の命運であろう。

これを、絵に置き換えて（違うことを考えているかもしれないが）みると、かりに額縁だけをかざって、額縁の中にはその後ろの壁面が見えているという場合はどうかということになる。壁面の上を歩くかもしれない昆虫の類いか、あるいは会場を変えた場合に違った壁面が現われることになるから、見る者はそこに何かの幻影を見るかもしれない。

わたしはこんなとき、主観と客観の違いを思わないわけにはいかない。主観というのは、自分が考えることで、客観というのはみんなが考えることとしよう。

主観はどうしても独りよがりになるが、それが主観のいいところでもある。客観は誰もが納得できる考えで、意見としては誰をも納得させないといけないから、実証する用意が必要になる。数学の場合は証明をする。科学は客観でなければならぬし、それが科学の存在理由で、理想であった。

ある人が、技術としての修練をつんで、誰にもできないことをやっても、科学といえるかどうか疑わしい。つまり条件が同じなら誰がやっても同じ結果になることが、客観の誇りのようなものである。練習の必要な自転車に乗れる人が科学的で、乗れない人が非科学的ということにはならない。

フィギュアスケートを例にとると、その演技は熟練を必要とするが、陸上競技のように計測することはできないから、審査員の採点にたよるほかない。「転んでも金メダルか」と物議を醸した例があった。この場合不満があっても、その審査員を信頼するという了解の上で競技をはじめたのだから、その審判に服すのが当然ということになる。

野球でも球がベースの上をまっすぐに通ったからストライクなのではなくて、「審判がストライクと判定したからストライクなのだ」という名言を聞いたことがある。メジャーで測ることのできないものを審判するのは大変である。

裁判官の判定となると、客観性が問われるけれど、まずはその判定に従うほかない。かりに異議を申し立てられ、判定が覆る例が少なからずあるが、その場合、誤った判定をした裁判官は恥じ入るはずである。「転んでも金メダル」に関与した審査員は辞めるしかなかった。

ここまでの理由から、『四分三三秒』は独りよがりといわれようとも、断固として芸術だ、それが「現代音楽なのだ」といいはってもいい。しかし「現代音楽」という、その言葉の中に含まれている「現代」(現代芸術家だと自認している他の人びと)もまた、『四分三三秒』を認めるかどうかは怪しい。

証明のできる数学や、物理などは計測器で審判する陸上競技のようなものだと思う。科学は誰もが認めないわけにはいかないほどの説得力を持っている。なにしろ証明し、たくさんの人がその証明を支持しているからだ。

　余談になるが、手品にはタネや仕掛けがあり、その仕掛けの巧妙さで人を驚かす。見物人でもタネがわかり、修練すれば手品ができるようになる。「手品師はタネも仕掛けもない」というが、ほんとうは、あることを暗にみとめている。ところが「わたしには超能力がある。千里眼の能力がある。霊感がある」、などという人の中には、演技ではなく一種の確信犯として、心の底からそう思っている人もあるらしいから、科学者をもよせつけない。迷信家も同じである。わたしはそういう人の考えを改めてもらおうとは思わない。対応する努力が大変だからでもある。

　ファインマンというユニークな物理学者がいるが、この方は有名なスプーン曲げのユリ・ゲラーと対決して、超能力でないことを立証した、と書いている。「彼は犯人捜しの超能力を求めてオランダ警察が相談に来る」というふれ込みで、日本中を賑わせ、スプーンを曲げることに成功したと自称する子どもたちを輩出した。しかし、惜しいことにスプーンでないものを曲げた人をしらない。

これらに比べて、絵はいかんせん計測器というものがない。勝ち負け、良否は審判官の裁定を待つほかないという点で科学とは比べられない。

ただし、それは結果を問題にしているだけで、途中経過の上では、芸術家も科学者も同じ苦しみや喜びの世界にいる。なかでも創造が共通の問題になろう。極端な例ではあるが、地球のほうが動くのだ、という科学的大発見は、見た目にも太陽のほうが山の向こうから昇ったり、海の彼方へしずむのだから、客観性を示せといわれても、大多数の者のほうがまちがっているためもあり、第一、聖書にはそんなことは書いてないことから、説得は難しく、ジョルダーノ・ブルーノのように、熱烈にコペルニクスの説を支持し、各地を説得的に説教して回ったのに、賛同者はえられず、ついにローマのバチカンに近い広場で火刑に処された。（彼は、地動説を支持したばかりでなく、教会の頑迷さをとがめすぎた、という友だちもいる。）

今から数年前、バチカンは、ガリレオを有罪にしたことを恥じ、彼によって科学的真理が前進したというような、いわば詫び状のような演説をした。（わたしは思う。ガリレオに詫びるだけでなく教皇インノケンティウスの魔女裁判についてもなにか一言いってもらいたかった）が、しかしそれらはみんな昔のことではある。ダンテが『神曲』を書き、ミケランジェロがバチカンの礼拝堂へ、あの有名な最後の審判の大壁画を残した時代のことではある。

異教の神の物語に、わたしも目を奪われないわけにはいかない。今は科学者という名前があるにしても、当時は今のような意味での科学者がいたかどうか疑わしい。

疑わしいというより、今日の概念でいうところの科学者はいなかったとみたほうがよいかもしれない。レオナルド・ダ・ヴィンチの残した仕事は科学だと思うし、また科学的な理解力のある人間は、（たとえ聖書に絶大な権威のあった中世でも）いたと信じたい。それは科学を学んだからではなくて、一種の性癖としていたであろうと思われるが、わたしには何ともいえない。

ただ、ガリレオの地動説の判定に、バチカンが詫びる必要はなかったのではないか、という説があるという。でも、その頃の教会の権威はたいしたものだった。ガリレオでもデカルトでも著書の前書きには、教会に対する畏怖の言葉がならんでいる。

わたしたちは、科学の時代に生きているのだから、今の知識（といっても、わたしは絵描きだからたいしたことはないが）の上に立って昔の裁判を批判するのはやむをえない。

コペルニクスのいい方として、「天体の動きについて、とてもシンプルな動きが考えられるのに、神は天動説に基づいた、あまりに複雑な動きを想定することはなさるまい」といい、そのシンプルな動きを図解してもみせたのに、法王もしくは裁判を取り仕切った人たちは、せっかくの証拠なのに、その本を読まなかったのだろうか。（これは、インターネットの中に優れた動画がある。）そうはいうものの、暦のことは人にまかせ、時間は（暦も）天文台にまかせているのだから、今も天動説的な時代に生きていると考えてもさして不自由はない。

西欧に行けば時計を進めたり巻きもどしたり、あるいは秋オーストラリアに行って春であることに目を見張ることはあるが、こころ深く地動説の世界を実感しているわけでもあるまい。地上に暮らしているかぎりそれですんでいるのである。しかし天界のことを思うとちがうが、われわれは天空のことまで考えずにすませてきた。でも、月に人が行ったり、月食や日食をみたりしていると、宇宙の広大さに比べて人生の卑小さを思わぬわけにはいかないし、天国や地獄があるなどということを考えろというほうがむりである。

ガリレオが望遠鏡で見た星空やニュートン他たくさんの天文学者がのぞいた宇宙は、地球上の花鳥風月の美しさとはちがって、天体物理の描く数学的美しさに満ちているにちがいない。藤原正彦も地上の花（ヴィーナス）にこころを奪われるのと同じか、（あるいはそれ以上に）数学世界の美しさをみてしまったのであろう。

美しいものにこころ動かされるのは、芸術家ばかりではない、科学者も同じである。もっとくわしくいうと、美しいからこころが動かされるのではなくて、こころが動かされるから、それが美しい（というほかいいようのない感動を引き起こす）のだ。

幾何学の整合性の、もうどうすることもできないほどの美しさを思ってもらいたい。伏見康治がとりくんでいた、結晶系の分子構造の分析など、あんな面倒なことは、美しいと感じなかったらできなかったにちがいない。

科学者は夢を見るだろうか、と想像する。むろん夢を見る。科学者でも荒唐無稽な夢を見るだろう。そして、とんちんかんであればあるほど、覚めて見る夢は、自分自身にたいして有力なのではあるまいか、と思うようになった。聞いてみたいが聞くわけにもいかない。

科学者は恋をするか、という疑問のほうがいい。「恋だと？　あたりまえのことを聞くな」というだろう。では夢も同じである。

文学者の夢はどうだろう、漱石の『夢十夜』は作品である。夢そのものを、そのまま記録したものではない。何日目かに仏師が木の固まりの中から仁王を掘り出しているのを見に行くところがある。そこに埋まっていた仁王を彫りだすのだから、たいしたことはなさそうに見える。ノーベル賞学者の福井謙一は、この話に打たれるという。およそ、発明も発見もだれもが、目のまえにある事実の中から、掘り出しているのであって、原木以上の仁王様はできない。なにかを他所から持って来てつけ足したのではない。

この福井謙一の見方に、改めて感動した。もののついでに、この頃盛んに騒がれた理研の小保方女史のことも、わたしはありそうなことだと思う。顕微鏡下の細胞のむすびつきの微小なものが、刻々成長して一人前の人間になり、親の形質さえもふくんで大きくなる。成長の途中で目や脚などを外からもって来てつけ足していないことは、仁王を刻んでいた仏師も同じである。

このような最先端の仕事は、小保方さんも、ゆっくりはじめから、ていねいに記録をとって、いろいろな、ぼろが出るようなことがないようにして、再試行してもらいたい。

わたしの好きな、数学者ラマヌジャンも、はじめインドの田舎に住んで、数学上の定義を山ほど発見しては学会誌に発表するのだが、はじめは相手にされなかった。

アメリカの数学者が、自分の研究と同じところを調べているので、急に関心を持って調べたら、独学の、ラマヌジャンはたいしたものと見えた。発見はその証明とセットになってはじめて成立するのに、彼は証明して時間を費やすより、わたしの中では証明ができているのだからいいではないか、と考えた。だから証明の時間をとられるより、また新しい発見に向かいたいのだという。後日ラマヌジャンは、数学史にたくさんの功績を残した。

藤原正彦の『心は孤独な数学者』（新潮文庫）の中に、ラマヌジャンの研究もある。ちょっとちがうことを書くけれど、わたしはこの本にあった言葉、「天才の峰が高ければ高いほど、悲しみの谷も深い」が、今も、いつもこころの中にもどってくる。

老英帝国の運命を暗示したものか？

ショヴォ『年を歴た鰐の話』山本夏彦訳

『年を歴《へ》た鰐の話』という本がある。評判ばかりで見た人は少ない。だから、文藝春秋が復刊したときは「まぼろしの名訳」だといわれた。

わたしは実は読んでいた。岸田衿子が大切にしていたものを貸してもらって、堪能したが手に入れようとするとどこにもないのである。

吉行淳之介が持っているのは、岸田衿子と同じ櫻井書店版で、戦後にすぐ出たものだが、彼の本もすでに珍本であった。彼が、安岡章太郎にみせたら「我が国でこういう本が出るのには、あと三〇年はかかるだろう」といったという。

山本夏彦といっても二十四歳の処女作だからだれも本人を知らない。二十四歳にして完成度抜群の本を書く人は、明治をのぞいて少なかった。

当時の中央公論編集長の青地晨（横浜事件で逮捕投獄された経験をもとに、権力への反逆者・反骨者

と冤罪事件に関する著作や言論で知られた）は、山本夏彦が「原稿を持ってきたのだから代金をくれ」というので、『年を歴た鰐の話』だけ払うが、後の三編は後で払うといった。のちの山本もさることながら、当時の青地晨は筋金入りだった。

わたしは、前に書いたように借りて読んだ。こういう本がこの世にあることがふしぎだった。久世光彦もおどろいているし徳岡孝夫もそうだった。

ショヴォの存在がうたがわれ、ショヴォとは山本夏彦のペンネームだ、といって納得した。もし彼がありもせぬ人物をこしらえて書いたものだとすると、その暗喩、比喩ともに、現代イギリスの風刺かもしれぬとみんなが思いはじめた。

「ある論者は、老いた鰐とは、実はイギリスのことで、彼は七つの海を游弋《ゆうよく》しているうちにいつのまにか赤化し、遂にナイル河の河上にわづかに安住の地を見出す。この短編は老英帝国の運命を暗示したものに違いないと云った」(山本夏彦の「はしがき」から)。

全くの余談だがヨーロッパ連合(EU)をひとりで抜け出す国民投票で、悪いくじをひいたことは(二〇一六年六月)、この鰐とむすびつけるのはあんまりではあるが、大英帝国にはその影があったのかもしれない。

そうこうするうちに、堀内誠一がパリの古本屋でレオポール・ショヴォの実在をつきとめ、わたしも一度あったことのある、フランス文学者の出口裕弘の訳で世に出た(『年をとったワニの話』福音館書店)。

そのころ早くも山本夏彦は直言家となっていそがしい。世に煙たがる人も出たが、安部譲二のように『塀の中の懲りない面々』という本を出すなど、彼のまわりにはちょっと変わった人間が集まった。わたしは変わってはいないが、遠慮なくものがいえた。山本は人が思うほど変わってはいない。正しいと思うことを率直にいうだけである。文春の竹内修二は、あの本は文春から出すということになっている、といっていたがようやく日の目を見て、今は、福音館書店発行のものと文藝春秋発行のものとが、二つ手に入るようになった。

内容をわたしが説明すると不十分であろうが、鰐が蛸《たこ》を愛し、蛸が脚の数をよく知らないし自分もよく知らないのでとうとう、愛人の脚を数えながら食べてしまうのである。

そしてその鰐はピラミッドがつくられているのを見たというたいそう古い鰐なのである。

この本の中には、「のこぎり鮫《ざめ》とトンカチざめ」という話もある。人間の乗っている船をまったく遠慮なくごりごりとノコでひきトンカチがこわす話で、なんともおもしろいが、なにがどうおもしろいか、いうのが難しい。

＊レオポール・ショヴォ　一八七〇年、フランスのリヨンに生まれる。パリで医師になるが様々な紆余曲折を経て第一次世界大戦後、創作活動にはいる。一九四〇年歿。（『年を歴た鰐の話』より）

日本の密かな期待と違って、我が戦艦大和は、徳之島の沖に沈んだ

吉田満『戦艦大和ノ最期』

吉田満夫人がアムネスティの仕事をしておられたので面識があった。

仕事の関係でよくおめにかかったが、吉田直哉と「まれな美人だ」と冗談でなく話した。ご子息がこれまたハンサムで東京大学卒、早くも電通にはいられたが、その後やめて、今どうなされているかわからない。

プライベートな話だが、吉田満はカトリックで夫人はプロテスタントだった。そのままでは結婚できないので困っていたら、満さんのほうがプロテスタントに改宗したという。なんだかほほえましいエピソードだと思って書いた。

『戦艦大和ノ最期』はいうまでもない名著だったが、これを批判する人がいたというからふしぎである。

「この作品の初稿は、終戦の直後の直後、ほとんど一日を以て書かれた」という。

彼は奇跡的に重油の海から生還したのである。

米軍の側からは右翼的な本だとにらまれ、日本からは戦争批判の意図が含まれていると解釈がわかれ、本そのものは歓迎されたが、筆を進めた吉田満の一夜は、今となってはその誠意をわかる人は少なくなったかもしれない。去る戦争の折、戦艦大和の出撃は最後の手段であり、最後の頼りだった。戦時中にいわれた大艦巨砲主義の固まりであり、もっといえば、米軍は航空機の時代に変わっていた。

日本の密かな期待と違って、我が戦艦大和は、徳之島の沖に沈んだ。

命ノ綱ヲ前ニシテ、赤裸ノ人間ヲ見ル
重油イヨイヨ濃ク、重キ波艦体ニ打チ返リ、悪寒背筋ヲ走ッテヤマズ
人ヲ求メ声ヲ求メテ見上グレバ、焦慮タダ堪エ難シ
無情ナル僚艦ヨ　垂直ナラバセメテヨシ　ツレナクモ手前ニ傾キソソリ立チ、蔽イカブサル
如キ舷側ノ壁
激シキ絶望ヲソソグ
眼底重油ニ灼ケ、下肢スデニ麻痺感アリ
（中略）

犇メク力、揉ミ合ウ油ト油
兵二名ワガ一団ヨリ離レ、先走ッテ綱ニ就クト見ルヤ、掌ヲ滑ラシ、ズルットソノママ姿ヲ消ス
助カッタ――トノ安心感カ、他愛モナシ
（中略）
フト気附ケバ、兵ノ姿ナシ
幾名ヲ救イ得タルカ　僅カニ四名カ――過半数ハ空シク水中ニ没シ去レリ　不覚
「急ゲ、急ゲ」ト叫ブ声　甲板ヨリ覗ク顔二ツ
艦静カニ前進ヲ始ム
タマタマ眼ノ前ニ縄梯子一ツ　歪ンデ垂レ下ル　位置ハ艦尾ニ最モ近ク、スデニ「スクリュー」ノ渦ノ圏内ニアリ
最後ノ、ギリギリノ機会ナリ　ノメル如ク縄梯子ニ喰イ下ル　両手六本ノ指ノ第二関節、僅カニ縄ニカカル
（中略）
徳之島ノ北西二百浬ノ洋上、「大和」轟沈シテ巨体四裂ス　水深四百三十米
今ナオ埋没スル三千ノ骸《ムクロ》

彼ラ終焉ノ胸中果シテ如何

とある。わたしは一夜のうちに全部読んだ。書かれたのも一夜だった。

これは、片仮名混じりなので読みにくいかもしれないが、日本の期待を一身にうけた戦艦大和が無策の中に海中に沈んだことは、去る戦争の、記録すべき傷あとだった。

これが芸術という、えたいの知れない精神の展開のための基礎理論だろうか

司馬遼太郎『微光のなかの宇宙』

わたしの美術観

司馬さん（一九二三—九六）が亡くなって二十年になる。だからひとつの節目で、各方面からいろんなことをいってくる。光栄にも以前わたしは、『街道をゆく』の装画を描いていたため、共同通信の旧知の人からいってきた。

司馬さんには『微光のなかの宇宙』という評判の本がある。司馬さんは、新聞記者である。ほかの記者も同じだが、自分が配置されたところで咲く。

考えてみると、名著『置かれた場所で咲きなさい』の渡辺和子さんの言葉のとおり、司馬さんはすでに実践していた。美術部へ配置されると、その日から美術記者になる。猛勉だという。そ

して普通の美術評論家のおよばぬ見識を持つようになってしまう。昭和二十五年、「金閣寺」が焼けたときは、たまたま当直していたということもあって、いちばんにかけつけたのは司馬さんだった。思いがけぬルートから、詳細を取材してきたことは産経新聞の語り草になっている。宗教担当になっても空海、最澄などについては詳しい。専門のお坊さんたちより詳しい。

わたしは司馬さんに聞いたことがある。

「司馬さんの書いた本は山ほどあるが、それらのなかで、自分が点をつけるとすると、どの本がいいことになりますか」

そのとき「『空海の風景』かな」といわれた。この本については、簡単な紹介記事があるので参考にして貰いたい。

弘法大師空海の足跡をたどり、その時代風景の中に自らを置き、過去と現在の融通無碍《ゆうずうむげ》の往還によって、日本が生んだ最初の「人類普遍の天才」の実像に迫る。構想十余年、著者積年のテーマが結実した司馬文学の最高傑作。昭和五十年度芸術院恩賜賞受賞。

このように、配属部所が決まってから勉強するのだから独学である。

司馬さんは絵描きになりたいと思ったことが五分くらいはあったかな、という。しかし画家がふさわしくないと思った理由は、セザンヌの理論がある意味での罪として中途半端な理論を残したことも理由のひとつかもしれない。もっとも後世の人の誤解だったかもしれないし、自分に都合のいい解釈を加えたためかもしれない、という意味のことを付け加えているが、このあたりのいいぶんは司馬さんの気配りだと思う。

美術記者になり、山ほどの本を読む。司馬遼太郎記念館には天井を見上げるほどの本があったから、何を読まれたかわからないが、「この四年ほどのあいだ、一度も絵を見て楽しんだことはない」という。セザンヌの絵と理論にとりつかれていたという。セザンヌは「自然は、人物であれ、風景であれ、すべて円錐と円筒と、球体でとらえることができる」。

この言葉は、まるで流言飛語のように、絵に悩む人のあいだに浸透した。

司馬さんの解釈

まことにそのとおりなのだが、これが芸術というえたいの知れない精神の展開のための基礎理論だろうか。地球はまるく、河原の石はまるく、落ちてくる水滴はまるく、人間の顔もまるく、頸は円筒で、人間の全体は円錐であり、腎臓や心臓のふくらみも多くの球体の一部のかさなりにすぎない、ということはこの世のたれもがわかっている。あらためてそれを、円錐・円筒・球体という幾何学の術語におきかえて提示された場合、理論ずきな十九世紀人や二十世紀人は目をみはり、慴伏《しょうふく》してしまうのである。私どもは、ダーウィン以来、その種の理論の持ち出され方にきわめて弱い……（「裸眼で」より）

ここでほっとしたことを書きたいのだが、このような司馬さんの受けとりかたは、じつはわたしもそう思っていた。何かに書いたけどなと思ううちに、わたしの『狩人日記』という本に書いていた。

司馬さんが万巻の書を読んだとしても、わたしの本に出会うはずはないから、ここに書いているのは単なるメモにすぎない。わたしの場合はメモで、司馬さんの場合は考察だから、これで終わりではない。

付け加えたいのは、スーラの時代に光の分光からはじまり、絵の具の併置混合を考えついたことにたいして、よろしい色彩が理論になるなら、形も理論になるのではないか、と考えた……といった記述があったように思うが、いま探してみても見つからない、探し方がまだ足りないのかもしれない。

実作者の理論というのは、広い意味の自己弁護である場合が多い。(「裸眼で」より)

なるほど。そうかもしれぬ、自画自賛というのはおおむねいいわけである。同様に文書のまえがきとか、あとがきなどもどうかするといいわけである場合が多い。

時はあたかも科学文明誕生の時代で、なにより、科学的思考がもとめられた。プリズムで見ると光はやや七色に分光される。夢のような空の虹が夢ではなく単に光を七色に分光しているにすぎないことがわかった、今から思えば当たり前のことが当時はどんなに驚きをもって迎えられたかしれない。浮世絵が西欧にもてはやされたというが、東西を結ぶ航路が開発され、その間を行き来する船は、帆掛け船ではなく、蒸気船であったことを思う。文明開化というもののなんと華々しくその進み具合の急なることであったろう。

セザンヌももう少し待てば、すべてのものは原子からなりたっていることを知っただろう。これならかなり真実に近いが、残念ながら絵は原子ほどの分析を必要としない。

セザンヌの理論は、一種の思いつきの域を出なかった。彼の本を読むと、あの理論はエミール・ベルナール（ゴッホやゴーガンたちと一緒に仕事をしていた仲間）に宛てた手紙の中にある、という。また本人は理論というより冗談に近いのだよ、という意味のことをいっているが、それにしては術語で人をけむに巻いたことは、ちょっとやりすぎだった。


かれより遅くやってきた冒険者は、逆に幾何学的立方体を通して自然を見、ついには幾何学的立方体のほうに自然を真似させようと試みた。さらには自然と断絶してタブローの中の芸術を、尋常《ただ》の認識世界から独立させるにいたる。ブラックやピカソといった天才がそれをやり、その成功によって、その画風――同時に理論――の追随者が出た。（「裸眼で」より）

セザンヌの幾何学らしき理論のあとで、キューヴィズムが出てきたことを認めねばなるまいが、芸術は物理のように「理論と実験の関係ではないということは自明のことであるのに、画家たちも私ども観賞する側も、ふんいきとして似たようなものにするという傾向は、二十世紀の絵画の特徴のように思われる」。

キューヴィズムについても、その理論を創始したブラック自身が「私にとってキュビズムは私自身のために創案した一手段にすぎず、絵画を自分の才能のとどく範囲にもってくることが目的であっただけだ」(滝口修造訳。ここまでも司馬さんの本より)。

この、セザンヌの高見は、エミール・ベルナールに宛てた手紙の中にあったものだそうで、その後セザンヌは、「あれは酒の勢いでいったんだ」という意味のことをいっているらしい。そういう影響のありそうなことを言ってもらっては困る。何しろ日本では、『画聖セザンヌ』という本が出て、信者もいたらしい。

キューヴィズムくらいわかりにくいものはなかった。池田理代子(『ベルサイユのばら』の作者)は、とってもいそがしいはずなのに、多分NHK・FM日曜喫茶室で会ったのだと思うが、「ピカソのどこがいいのですか」といわれ、わたしは絶句し、このかたの絵に対する真摯な姿勢に心をうたれた。表だって評論するのは難儀だが、わたし的に「あの王様は裸ではないか」という人なら、実は何人もいる。

ひそかに思う。ピカソが好きなことをやってくれたから後のわたしたちの免罪符になったともいえる。バルセロナのピカソ美術館で作品をみて、「わたしにはまだ理解できないけれど、ちゃんとした青の時代があるのだから、だまるほかない」という人もある。

にもかかわらず、ピカソは存在感がある。とわたしが思うのは、つまり彼のような、自在、つまり目が横についていようと、手が六本あろうと、自分の絵だからいいではないか、といったとする。ある種のひらきなおりだが、彼のその自在な絵が、後から来る奇怪な絵のすべてを、ガードしていたかもしれない。自分の絵のデッサンのまちがいは、「ピカソだって」といえば、たりるかもしれない。いまは普通の絵が描けることが、わからない絵を描くことの免罪符というわけではない。

自分が絵を見るとき、自分の目でみればいいのであって、第三者がいいというから、というように人の目をうかがう必要はない（これは、日本人の悪いくせだ）。余談になるが、バルセロナの聖家族教会建設中の未完成をみて、あの建築のどこがいいのかね、といった人が二人いる。ひとりは亀倉雄策、もうひとりは江國滋である。

わたしはあの建築の塔に登ってきた。下りてきた女性ともみ合うようにしなければ進めなかった。あの壮大な建築と、宗教との間にはわれわれの口を挟む余地はないような気がしている。ガウディのアパートにも行ってみたが、床が波うっているところがあって、あのアパートに住む気はしなかった。また、そのこととは別に、バルセロナを空襲して、あの未完成の教会を壊すものはないだろうなと、全く別のことを考えた。またガウディは偉大な建築家なのだから、わたしなんぞが何をいっても関係ないだろうと思った。

セザンヌのいった幾何学風な名言は、今は信じるものはなくなった。

キューヴィズムというものは、相変わらずわかりにくいが、わたしたちが勝手気ままな絵を描いていても、ピカソをはじめとするキューヴィズムが一種の防波堤になって、好き勝手なことをしているわたしたちを弁護しているようにもみえる。

終わりに、司馬さんはゴッホの手紙について書いている。あのひたむきな制作意欲は、情熱、生き方といいかえたほうがいいように思う。絵を描くことによって生活していると本人は思っているかもしれないが、彼は絵が売れるという世間的な経済問題というより、生きていることを証明していたような気がする。

司馬さんは「人間が人間の描いたものとして見る絵画というものは、大なり小なりゴッホ的なものだと思えるときに、私の絵画に対する気分はやすらいでくる」という。

大岡信も「あの手紙のことを抜きにしてゴッホの絵を考えることはできなくなってしまった」と、書いている。

須田国太郎のこと

多くの画家が、自己を表現するのにタブローの上だけでなく服装の上で一個の芸術家としての概念を規定し、一種の制服感覚のようにして演出化していることを、好みとして私に適《あ》いにくいように感じていたが、須田国太郎はおよそ自分の外観から画家を想定できる要素をす

べて消していて、品のいい老紳士としてそこにいた。（「微光のなかの宇宙」より）

司馬さんからこのことは聞いていた。須田さんは絵を描くときネクタイを締めて描いていたという。

信憑性のある伝説を聞いたことがある。昔、勉学のため人びとがパリにでかけたころ、ゴッホとかゴーガンとかモネとか美術史上の人たちが生きていた。後のことは知らず、絵など買う人はいなかったから、みんな貧乏していた。食うや食わずで、服装などはあとまわしで、みんなきたない格好をしていた。きたなければきたないほど画家であったというのである。パリに行った画家志望の日本人は「ははあ、これがファッションなのか」と早合点して、爾来日本でも画家はあまりきれいではなく、絵の具で体中が汚れていた。須田国太郎のようなスタイルでは、画家ということにならなかった。

以下要約。

須田国太郎は、京都の長浜縮緬問屋の子として生まれた。温和な青年だったにちがいない。絵は好きだったがそのことに、もの狂いとなったわけではない。三高のころ油絵は描いていたが、一方、金剛流の謡曲も習った、そのころ、テレビはなかった。謡曲を習うことがはやっていたらしい。（「微光のなかの宇宙」より）

京都大学にヘルフリッチという独文学の講師がいた。大学院生の須田が、「技巧」を研究すると言いながら油絵技術を独習しているのを見たヘルフリッチから、技術は自習すべきでない、といわれ、大学院に籍を置きつつ関西美術院に入り、デッサンを習った。

ほとんどの人が、絵を志す人は多分に、他の人の作品をみた場合、ほとんどその技巧に目がいくものである。その人の技巧や技法を受け継げば、絵を描くことの大半を知り得たことになる、と思いやすい。ヘルフリッチのいう「技術は自習すべきではない」という意味も「技術だけ抜き出して学んでもあまり意味はない」といっているように受け取っているが、逆かもしれない。

須田国太郎はパリでなくスペインに遊学したという。これはスペインに行ったから個性的になったというのではなく、日本の画壇で超然としておれたのは、このためかもしれない。

昔はパリへ行くことが画家の常識のように思われていた。事実、パリへ行った人と、行っていない人という、つまり行く行かぬで、画家の格式を分けた時代があった。司馬さんは書いている。「洋式の艦船を導入することでひらかれた日本の近代が欧米で成立したばかりの蒸気船からはじまった事情と似ている」。

この一言は、絵画の場合だけでなく、文明一般にいえることで、暗黙のうちに西洋崇拝を生み、映画や写真などもそうで、浮世絵がうけていることがふしぎな感じをうけるだけだったことを思いだす。

須田国太郎は昭和七年に初めて個展を開いたが、そのとき谷川徹三が絵を買い、のちに須田国太郎について優れた論文を書いているという。わたしは鎌倉の鶴岡八幡宮をモデルにして描いた作品を見たことがある。社殿を横から見て水平な感じの画面にしたものだった。ほかにもいろいろ見たが題名は忘れた。

『微光のなかの宇宙』にはこのほか三岸節子、須田剋太など、美術に対する見解がつづく。司馬遼太郎の仕事は多すぎるので、今回は『微光のなかの宇宙』にした。

結局、トットちゃんを受け容れた学校もあったのではある

黒柳徹子『窓ぎわのトットちゃん』

一九八一年のこと、講談社から『窓ぎわのトットちゃん』という本がでた。これは都市中の紙価を高めた。未曾有の売れ行きで、単行本と文庫本の累計は八百万部ともいわれた。だれも予想しないことだった。

「窓ぎわ」ということばは、そのころの流行語であったし、流行語になったともいえる。

一般に、やめて貰いたい社員は次第に窓ぎわに席を移され、きわめて婉曲にやめたいと思わせるしかけの意味をふくめてマドギワといった。

この本は『窓ぎわのトットちゃん』という。ベストセラーでこのような本は、その後もない。この本を読んで、自分の子どもが、人と違っているのではないかと心配している人があったら参考にしてもらいたい。全編にわたって書くことが多いが、ここでは、表題の『窓ぎわのトットちゃん』と同じ章を抜粋した。ほかは、想像に任せる。

以下、参考までの抜粋。社員でなくても、窓ぎわに移らせて、できるだけ早くやめてもらいたい人もあるだろうが。結局、トットちゃんを受け容れた学校もあったのではある。

トットちゃんは、学校の机の蓋が珍しいらしく、もうそれはなんど開け閉めしたかしれない、百ぺんはやっただろう。わたしも昔代用教員をやったからわかる。そういう子は問題児といった。問題児は授業についていけない子のことをいうが、特に優れて先生のいうことは初めから全部わかっているような子も問題児なのだ。それならまだわかるが、トットちゃんの場合は例外的で前代未聞なのである。くわしくは本を読んでもらうしかない。

それだけならよいが、毎日立っている。窓のところに立っている。なぜか。

チンドン屋を呼び込むためです。

これでは何のことかわからないだろうから説明がいる。

静かにしているのなら立っていてもいいと、先生は考えた。しかしちがうのである。教室は一階にあり、通りに面していた。トットちゃんは、通りかかったチンドン屋さんを呼び込んだ。学校のそばを通るときは、音をおさえめにしているチンドン屋さんも、教室の下まで呼ばれた彼等は、せっかくの頼みだからというので盛大にはじめた。

クラリネットや鉦やタイコや三味線が鳴る間、先生がどうしているかといえば一段落つくまで、ひとり教壇で、じーっと待っているしかない。

さて、一曲終わるとチンドン屋さんは去って行き生徒たちはそれぞれの席に戻る。

ところが驚いたことにトットちゃんは窓のところから動こうとしない。なぜか。

「だって、またちがうチンドン屋さんがきたら、お話しなきゃならないし、それからさっきのチンドン屋さんが、またもどってきたら、大変だからです」


「これじゃ、授業にならないことはおわかりでしょう？」

ママに話しているうちに、先生はかなり感情的になってきて、

「それに」

「一々数えられるくらいなら、こうやって、やめていただきたい、とおねがいはいたしません」

というのだから、おだやかではないし、また先生のいうのもむりはない。

「それに」

「なにしてるの？」

としきりにきく、だれにきいているのかと思うと、窓から身をのりだして、上のほうをみて
「なにしてるの？」

ときいている。先生は心配して、窓のところから上を見ると、ツバメが巣作りをしている、その

ツバメにたいして話しかけているのだった。

これは大問題児である。ママが、

「何とお詫びしたらよいやら」というと。

きのう、日の丸の旗を作らせたら、朝日新聞の社旗のように軍艦旗を描きはじめて、そのうえ旗のまわりにはフサをつけはじめた、そしてフサが画用紙をはみだして机の上にごしごしかいたものだから、画用紙をどかしたら机の上には型がつきました。でも三方向だけだったから、まだいいとしなければなりません。

三方向というのはどういうことかというと、旗竿がありますから、フサのぎざぎざは三方だけですんだという意味です。

トットちゃんは、退学をうすうす気がついていたかもしれない。そして、今度の学校へもチンドン屋さんがくるかしらね、とウソブクのだった。

あとがき

最近、書店がなくなっていると聞く。書店で名高い神田神保町でさえ、いくつもの書店、古本屋が姿を消した。

わたしは、大いにお節介だけれど、これが心配なのである。

わたしはただの本が好きな人間にすぎない。人が本を読まなくなったことを格別気にする必要はない、絵だけ描いていればそれで何も言うことはないのだ。だから、お節介なのだ。

本を読むことを薦めてみても、本を読んでくれる人がふえるだろうか、とまた心配する。だから余計なお節介なのだ。もう何年も前から、このことが気になり始めていた。

あ、本だけではない新聞も読者数が減ったという。一昔前は、野球の勝敗でもテレビでそのニュースを聞いたのでは満足せず、翌日新聞で、活字でたしかめて納得したことがあった。今は携帯やパソコンで、問題の野球の顚末を再度くりかえして見ることができる。

本が読まれなくなったことには、文明の変化という、必然性によることもあろう。たとえば、「ら」ぬき言葉の方が多数になったと新聞は報じている。言葉も変化している。いいこともあったが、本の持っていた「おもしろさ」も失われた気がする。

文明の変化、などと、もっともらしいことを書いたが、平たくいって、テレビや携帯の持つおもしろさに押された、といったほうがいいかもしれない。押してきたものが、本とおなじものだったらいいのだが。テレビのコマーシャルが、イメージ映像という華麗な映像の世界をおくってくれる。あやしげな統計図の表現で、バラ色の感化をしてくれる。特に自分で考える人がすくなくなったような気がする。

本は、こちらが積極的に働きかけねばなにもしないのに比べて、テレビなどは、積極的に「おもしろさ」をさしだしてくれた。「おもしろがって」いるのではなくて、「おもしろがらせて」くれたのだ。

気休めとしては、本当は読書人口はもともとそんなにいなかったものなのだ、と考えてみることはできる。それにしても文明の変化が、やはり気になる。

『名作52　読む見る聴く』（朝日新聞社）という本の中で見つけた安岡章太郎の詩「枯葉」の一部分を掲げる。

ああ想い出してくれ。
僕らがあいし合っていた頃の
あの幸福な日々を

あの頃は、いまと違って人生は楽しく
太陽はもっと明るかった

この詩を、わたくし流に今読むと、「あの頃」というのは、本と仲のよかった頃のことだ。お化粧をするなどして表面を糊塗しても、真の美しさは手に入るまい。本ならなんでもいいから、読むだけで心の中から美しくなれるはずだ。別に美しくならなくたっていいではないか、という悟りが開ける。

大切なのは、この悟りのことである。

だれも知らない心の中を、美しく装いたい。それは人に知られなくて、いいことなんだと悟りたいと思う。そのために、何でもいいから本を読んでもらいたいとお節介なことを思う。

山川出版社の酒井直行さん、社長の野澤伸平さん、この本を出してくださって感謝しています。

二〇一六年十月

安野光雅

◉本書で紹介した主な本

シェイクスピア『ヴェニスの商人』松岡和子訳、ちくま文庫
『八代目桂文楽落語全集　完全版（CD付）』小学館
福沢諭吉『改訂　福翁自伝』岩波文庫
夏目漱石『二百十日』新潮文庫・岩波文庫
芥川龍之介「おぎん」岩波書店
杉田玄白『蘭学事始』緒方富雄校注、岩波文庫
ワイルダー『プラム・クリークの土手で』恩地美保子訳、福音館書店
久米邦武編『特命全権大使　米欧回覧実記』田中彰校注、岩波文庫
ウィンパー『アルプス登攀記』上・下、浦松佐美太郎訳、岩波文庫
ビアス『新編　悪魔の辞典』西川正身編訳、岩波文庫
睦奥宗光『新訂　蹇蹇録』中塚明校注、岩波文庫
中江兆民『一年有半・続一年有半』井田進也校注、岩波文庫
森鷗外『椋鳥通信』上・中・下、池内紀編注、岩波文庫
安野光雅・森啓次郎『安野光雅の異端審問』朝日文庫
大岡信・大岡玲編訳『宝石の声なる人に』平凡社ライブラリー
リルケ『ポルトガル文』水野忠敏訳、角川文庫

正岡子規「ベースボール」(『松蘿玉液』岩波文庫)
三好行雄編『漱石書簡集』岩波文庫
モーム『人間の絆』中野好夫訳、新潮社
寺田寅彦「自画像」(『哲学の森5』ちくま文庫)
中勘助『銀の匙』岩波文庫・角川文庫
『中勘助詩集』谷川俊太郎編、岩波文庫
富岡多恵子『中勘助の恋』創元社
吉野源三郎『君たちはどう生きるか』岩波文庫
『梶井基次郎全集　全一巻』ちくま文庫
中島敦『李陵・山月記』新潮文庫
リンドバーグ夫人『海からの贈物』吉田健一訳、新潮文庫
中野好夫『世界史の十二の出来事』文春文庫
遠山啓『数学入門』上・下、岩波新書
小平邦彦『怠け数学者の記』岩波現代文庫
レオポール・ショヴォ『年を歴た鰐の話』山本夏彦訳、文藝春秋
吉田満『戦艦大和ノ最期』講談社文芸文庫
司馬遼太郎『微光のなかの宇宙　私の美術観』中公文庫
黒柳徹子『窓際のトットちゃん』講談社

安野光雅（あんの・みつまさ）

一九二六年、島根県津和野町生まれ。山口師範学校研究科修了。

一九七四年度芸術選奨文部大臣奨励賞、その後ケイト・グリナウェイ特別賞（イギリス）、最も美しい50冊の本賞（アメリカ）、BIB金のリンゴ賞（チェコスロバキア）、国際アンデルセン賞。一九八八年に紫綬褒章、二〇〇八年に菊池寛賞、二〇一二年に文化功労者。故郷津和野には「安野光雅美術館」がある。

主な著作

『算私語録』『絵のまよい道』『御所の花』『会えてよかった』（朝日新聞社）、『ふしぎなえ』『旅の絵本』『ABCの本』（福音館書店）、『安野光雅の画集 Anno 1968-1977』『繪本平家物語』（講談社）、『安野光雅・文集（全六巻）』（筑摩書房）、『絵のある自伝』（文藝春秋）、『わが友の旅立ちの日に』『空想工房の絵本』『少年時代』『会いたかった画家』（山川出版社）ほか多数。

本《ほん》を読《よ》む

二〇一六年十二月五日　第一版第一刷印刷
二〇一六年十二月十日　第一版第一刷発行

著　者　安野光雅
発行者　野澤伸平
発行所　株式会社 山川出版社
東京都千代田区内神田一―一三―一三
〒一〇一―〇〇四七
振替〇〇一二〇―九―四三九九三
電話　〇三（三二九三）八一三一（営業）
〇三（三二九三）一八〇二（編集）
企画・編集　山川図書出版株式会社
印刷所　半七写真印刷工業株式会社
製本所　株式会社ブロケード

造本には充分注意しておりますが、万一、乱丁・落丁などがございましたら、小社営業部宛にお送りください。送料小社負担にてお取替えいたします。

定価はカバーに表示してあります。

ISBN 978-4-634-15109-3